PROGRAMA

Tema 0. Señales de que mi empresa no marcha bien. Claves para evitar la quiebra de la empresa

Con la crisis, muchos trabajadores se han quedado en paro. Encontrar un nuevo empleo es muy complicado y un número importante de personas tiene como meta fundar una pequeña empresa. Ya sea como autónomo o mediante la creación de una sociedad limitada, el autoempleo puede ser un resquicio por el que salir de la negativa situación que atraviesan millones de ciudadanos. Antes de crearla, conviene tener muy claros una serie de puntos: qué tipo de negocio se abrirá, la forma jurídica que adoptará, cómo sacarlo adelante y qué financiación se utilizará.

1. El tipo de empresa

El plan de negocio es la carta de presentación para obtener financiación bancaria o subvenciones públicas

Como es obvio, la idea es el punto de partida al poner en marcha un negocio. Se debe valorar antes qué tipo de empresa se creará, qué se ofrecerá a los clientes, en qué se diferenciará de otros proyectos o qué valor añadido tendrá respecto a los actuales, entre otros aspectos.

Si se pretende abrir un bar, hay que observar qué triunfa en la zona, qué hace falta, cómo se podría mejorar la oferta actual, a qué personas se quiere atraer... Conocer bien a la competencia es clave.

2. Plan de negocio

Algunas iniciativas parecen inmejorables en el papel, pero después no salen adelante. Una vez que se tenga la idea, hay que demostrar su viabilidad.

Diseñar un plan de negocio sirve para detallar los objetivos que se quieren conseguir y los métodos para alcanzarlos. Además de ser básico para el emprendedor, es la carta de presentación para obtener financiación bancaria o ayudas de las administraciones. En él se plasman los siguientes datos:

Descripción de la empresa

Incluye información como dónde se localiza, a qué se dedica, qué servicio dará, el producto que venderá, por qué se ha elegido este negocio o qué objetivos se buscan.

Estudio de mercado

Antes, el emprendedor habrá estudiado quiénes son sus clientes potenciales, qué les mueve, cuáles son sus factores de compra, cómo es la competencia y qué ofrece. Habrá realizado un análisis pormenorizado del sector. Todo esto ha de plasmarse en el estudio de mercado, que irá dirigido a demostrar que realmente hay una oportunidad de negocio.

Recursos humanos y técnicos

Se incluyen en este apartado las infraestructuras, los medios técnicos y personales que se necesitan y cómo se organizarán.

Plan de marketing

Detalla las acciones que se llevarán a cabo para lograr los resultados esperados: técnicas de venta, campañas de publicidad...

Estudio económico y financiero

Se plasma en este apartado información como el dinero que se necesita, cómo se conseguirá y pérdidas y beneficios esperados el primer año.

Forma jurídica que se adoptará

El empresario puede darse de alta como autónomo, como sociedad limitada, anónima, cooperativa, comunidad de bienes o sociedad civil.

3. Obtener la financiación para la empresa

Uno de los obstáculos a los que se enfrenta un emprendedor al crear un negocio es obtener la financiación necesaria. Cuando no cuenta con dinero suficiente, tiene varias formas de conseguirlo.

Para crear una empresa, se puede solicitar la prestación por desempleo en un pago único

Capitalizar la prestación por desempleo: con la reforma laboral, los hombres menores de 30 años y las mujeres de hasta 35 que quieran montar un negocio pueden cobrar el 100% de la prestación por desempleo en un solo pago -antes el límite se situaba en el 80% para este colectivo-. Los demás podrán capitalizar el 60% para la inversión inicial y el 40% restante para las cuotas de autónomo. Es importante no iniciar la actividad antes de solicitar el pago único porque en este caso no tendrán derecho a percibirlo.

Pedir un crédito al banco: es una de las opciones más complicadas. Hoy en día, el grifo de la financiación está casi cerrado, algo que estrangula las posibilidades de creación, crecimiento y supervivencia de muchas empresas.

Solicitar financiación en el ICO: el Instituto de Crédito Oficial cuenta con líneas de financiación para facilitar la obtención de préstamos a autónomos y empresas. En función de la opción elegida, se pide el capital en el propio ICO o en las compañías colaboradoras.

Acceder a subvenciones: conviene tener en cuenta las subvenciones que se pueden obtener por la apertura de un negocio. Los ayuntamientos y comunidades autónomas conceden ayudas, créditos y exenciones fiscales para emprendedores.

4. Forma jurídica del negocio

Una de las decisiones que ha de tomar el emprendedor es la forma jurídica de su empresa. Las fórmulas más sencillas y habituales son hacerse autónomo o constituir una sociedad limitada.

1. Para crear una empresa como autónomo es necesario:

    o Presentar la Declaración Censal en Hacienda.

    o Darse de alta en el impuesto de actividades económicas -que solo se paga si la cifra neta de negocio es superior a 1.000.000 de euros-.

    o Apuntarse en el régimen de autónomos de la Seguridad Social.

    o Solicitar el número patronal -solo en el caso de que se vaya a contratar trabajadores- y el libro de visitas sellado por la Inspección de Trabajo.

    o Pedir la licencia de apertura en el ayuntamiento. Una vez concedida, es necesario iniciar la actividad en los seis meses siguientes.

La ventaja de hacerse autónomo es que no es necesario contar con un capital mínimo para empezar a trabajar ni tener socios; el inconveniente, que responde de las deudas que se pudieran generar de forma ilimitada con su patrimonio.

2. Sociedad de responsabilidad limitada. En este caso, el capital social está formado por las aportaciones de todos los socios y se divide en partes iguales. Los trámites son:

   o Solicitar el certificado de denominación social para comprobar que el nombre elegido no coincida con el de otra empresa.

   o Abrir una cuenta bancaria con al menos 3.005,06 euros, el capital mínimo inicial de la sociedad.

   o Redactar los estatutos y firmar la escritura de constitución.

   o Pagar el Impuesto de Transmisiones Patrimoniales.

   o Inscribirse en el Registro Mercantil.

   o Solicitar el CIF, la declaración censal y el impuesto sobre actividades económicas.

- Dar de alta en el régimen de autónomos o en el régimen general a los socios y a los trabajadores.

La ventaja de constituir una sociedad limitada es que, ante las deudas, los socios solo responden con el capital social aportado. La desventaja frente al régimen de autónomos es que los trámites son más complejos y se exige un capital mínimo que debe desembolsarse cuando la empresa se constituye.

Montar una tienda en Internet implica disponer una arquitectura de venta virtual que reemplace al ladrillo y a la tangibilidad de los escaparates para ofrecer y comercializar bienes. Para esto, la Red ofrece múltiples herramientas, blogs y tutoriales que pueden facilitar el inicio de la empresa. Esta arquitectura deberá contar, como mínimo, con un producto, una página web, un medio de pago seguro y un plan de marketing para darse a conocer tanto en el mundo real como en el virtual.

Al montar un negocio por Internet hay que asumir una identidad jurídica, responsabilidades fiscales y legales

Pero más allá de que incluso con un conocimiento rudimentario de las tecnologías de la información (TICs), sea posible diseñar un blog o abrir una cuenta PayPal para una tienda virtual, la intangibiliad del comercio digital no comprende el plano legal. Desde el punto de vista de la ley, comerciar de manera electrónica equivale a asumir una identidad jurídica, responsabilidades fiscales y una serie de obligaciones relacionadas con el derecho propio de la sociedad de la información y el comercio electrónico.

1. Crear una empresa o darse de alta como autónomo (RETA)

   Se puede crear una sociedad de hecho o una sociedad anónima para abrir una tienda virtual, aunque lo más común es darse de alta como autónomo, ya que en la mayoría de los casos se trata de negocios unipersonales. No obstante, hay jurisprudencia y doctrina que entiende que si los rendimientos del administrador de una tienda on line son menores que el Salario Mínimo Interprofesional (SMI) anual, no cumpliría con el requisito de habitualidad necesario para dar alta en el RETA.

   Esto implica que podría ejercer de manera legal su actividad de venta en tienda on line, cumpliendo con las obligaciones fiscales y otras que se detallan a continuación. Eso sí, habrá que saber que si la Seguridad Social comprueba la situación y entiende que debiera existir el alta, podrá reclamar lo adeudado desde la apertura de la tienda.

2. Alta en la Seguridad Social

Se desprende de la obligación anterior, ya que la ley española dice que toda persona que realice de manera habitual, personal y directa, alguna actividad económica lucrativa (comercial, industrial o profesional), deberá de darse de alta en el Régimen Especial de Autónomos de la Seguridad Social.

3. Obligaciones fiscales

Alta en el Impuesto de Actividades Económicas (IAE), declaración censal, declaración previa de inicio de actividad e IVA. Como inscrito en el RETA, se debe pagar el Impuesto sobre la Renta de las Personas Físicas (IRPF).

Pero también hay que cumplimentar los pasos correspondientes a las obligaciones específicas del comercio electrónico:

1. Ley de Servicios de la Sociedad de la Información y de Comercio Electrónico en España (LSSICE)

   Está en vigor desde el año 2002 y va dirigida a los propietarios de sitios web o tiendas virtuales, a quienes obliga a cumplir con una serie de requisitos específicos. Determina la publicación de una serie de datos e información, para la protección de los clientes: nombre o denominación social, domicilio social de la empresa, dirección de correo electrónico, número de identificación fiscal, datos de inscripción en el registro mercantil o profesional, códigos de conductas a los que se adhiere la empresa y su acceso.

   Además, la LSSICE prohíbe enviar correos electrónicos publicitarios no solicitados o consentidos (spam) y obliga a facilitar al cliente información detallada sobre el proceso de contratación electrónica mediante el cual se adquiere el bien vendido.

2. Ley Orgánica de Protección de datos de Carácter Personal (LOPD)

Obliga a todas las empresas, profesionales, etc., que dispongan de archivos de carácter personal, a darse de alta ante la Agencia de Protección de Datos. Esto atañe a las tiendas virtuales en tanto que utilizan el pago electrónico, además de sistemas de registro on line, etc.

Establece auditorías periódicas, redacción de un documento de seguridad para los datos personales, y de los contratos, formularios y cláusulas necesarias para la recogida de datos.

3. Ley de condiciones generales de contratación

En virtud de esta ley, hay que inscribir en el registro correspondiente los contratos y las condiciones generales vigentes para la tienda.

4. Ley de ordenación del comercio minorista

Regula las ventas a distancia, sin presencia física simultánea entre ambas partes. Se refiere a los plazos de ejecución de las transacciones y pagos, al derecho a desistir de la operación y regula los pagos con tarjeta de crédito.

Menos pedidos, un inventario que se acumula o clientes distanciados pueden indicar, entre otros muchos signos, que el negocio inicia su fracaso. Menos pedidos, un inventario que se acumula o clientes distanciados pueden indicar, entre otros muchos signos, que el negocio inicia su fracaso. ¿Por qué? La crisis no puede obviarse, pero también es cierto que algunos cierres podrían evitarse si se tomaran medidas nada más detectar las primeras señales de que algo no funciona, hay una elevada correlación entre la marcha general de la economía y la evolución de los resultados de las empresas. Pero también es cierto que hay que adaptarse a la evolución de la economía y, además, tener en cuenta la vital importancia de los problemas internos de un negocio.

Sin embargo, no siempre es fácil darse cuenta de que ciertos signos (internos o externos) son alarmantes y el presagio de que las cosas van de mal en peor. A continuación se exponen algunas de las señales más claras para detectar que un negocio puede estar acercándose de manera peligrosa a la quiebra.

1. Falta de liquidez

   Uno de los signos que anuncian con más claridad que algo no funciona como debería son las pérdidas continuadas y la falta de liquidez. En numerosos casos, antes de abrir la empresa, su propietario ha acumulado ahorros que piensa invertir. Pero son pocos quienes de verdad exploran a conciencia la cantidad de capital que necesitan para su negocio, pues gastan la mayor parte del capital en el momento de abrir la empresa y se quedan sin reservas para los gastos futuros.

La falta de liquidez se origina porque no hay sincronización entre el efectivo que sale de la empresa y el que entra. Para evitarlo, en parte conviene no haber invertido todo el capital, sino mantener una parte sustancial para cuando sea necesario. Y, por supuesto, es imprescindible no agotar la totalidad del crédito disponible del negocio, ya que se debe tener algo para cuando haya alguna circunstancia.

2. Clientes distanciados

Si los clientes están más distanciados, no realizan visitas tan frecuentes ni las relaciones son fluidas, algo puede estar empezando a fallar. Además, si conocen con todo lujo de detalles los productos que ofrece la competencia, la señal se hace más evidente y preocupante.

Esto puede deberse a no saber cuidar al cliente, a una mala elección del personal, etc. Para que un negocio o empresa marche bien, el capital humano es esencial: un mal empleado puede arruinar un negocio. Es vital no perder de vista a la clientela y conocer sus gustos a la perfección. Si no se entienden las necesidades de los clientes, no se pueden aportar respuestas específicas para resolver lo que buscan.

3. Pedidos menos frecuentes

Se puede ver "las orejas al lobo" cuando una compañía recibe la petición de menos cantidades o de menos productos. O bien, si se distancia el tiempo entre un pedido y otro. Todo ello redunda en una reducción final de pedidos.

4. Negativa de entregas a crédito

Si los proveedores se niegan a recibir el pago a crédito o piden tener su saldo pagado de manera inmediata, hay que preocuparse. O, al menos, estar alerta, ya que esta actitud puede apuntar que piensan que el negocio va mal o incluso que quebrará.

5. Hay cada vez más reclamaciones o quejas

Una mala gestión se ve reflejada en la satisfacción del cliente. Cuando las reclamaciones y quejas se multiplican, el negocio no funciona del todo bien. Este aumento no solo puede señalar que se hagan las cosas mal por problemas internos de la compañía; también es un indicador de que se considera que la empresa puede llegar a su fin, y se aprovecha ese momento para aumentar la presión y hostilidad hacia lo que se considera ya fracasado.

6. El inventario se acumula

Un inventario engrosado puede significar que las ventas han caído de manera drástica, y es un signo inequívoco de una pobre situación financiera.

Los propietarios de un negocio se preocupan con frecuencia de tener suficientes productos en stock, pero lo importante es contar con existencias de lo adecuado, de lo que satisface al consumidor. Si el inventario no refleja el gusto o las necesidades del mercado, nunca se venderá y supondrá pérdidas para la empresa.

7. Los deudores tardan en pagar

Si se tiene que esperar mucho para que quienes deben dinero a la empresa paguen, puede significar que la compañía se está hundiendo. Los deudores se retrasan, con la esperanza de que el negocio quiebre antes del vencimiento de sus deudas.

8. Mal clima laboral: el "no" como primera respuesta

Los empleados detectan, incluso de manera inconsciente, que algo va mal. Nervios, desavenencias cada vez mayores, baja respuesta y desmotivación, etc. Todo ello es una muestra clara de que las cosas no siguen el camino que deberían.

Proporcionar formación a los trabajadores, delegar responsabilidades en los empleados o hacerles sentir partícipes del proyecto puede hacer reflotar un negocio.

9. Auditoría por profesionales externos

En el caso de medianas y grandes empresas, es uno de los peores síntomas. Las visitas de abogados, contadores y auditores puede ser una señal de una muerte inminente.

Para evitar que el negocio quiebre, conviene elaborar nuevas estrategias adaptadas a los clientes y situación actuales. Desde que comenzó la crisis, un gran número de negocios ha tenido que echar el cierre. La mayoría son pequeñas y medianas empresas que no han podido hacer frente a la situación que se les vino encima casi sin avisar. En muchos casos, la quiebra se ha debido a que no han sido capaces de hacer frente a sus deudas y, en ocasiones, a esto se ha unido que el dinero que les debía la Administración u otros empresarios no ha llegado a tiempo y les ha obligado a poner fin a un negocio que hasta hace poco tiempo era rentable. Conseguir que los deudores devuelvan el capital prestado es fundamental para sacar a flote una compañía, pero es muy complicado, así que, mientras esto se produce, se pueden seguir otras estrategias.

1. Detectar las primeras señales de que algo va mal

Es fundamental atajar el problema cuanto antes. En el momento en que la empresa comienza a tener pérdidas, falta de liquidez o descenso en el número de clientes, hay que ponerse manos a la obra para descubrir de dónde provienen las dificultades e intentar solventarlas.

Dejarlo para más adelante solo hace que las complicaciones crezcan y cuando el empresario quiera solucionarlas, quizá sea demasiado tarde.

2. Aceptar que la sociedad ya no es la misma que hace unos años

La sociedad, con sus usos y gustos, ha cambiado y es muy probable que las estrategias que llevaron a una empresa al éxito no sirvan en la actualidad.

Utilizar las nuevas tecnologías y las redes sociales puede ayudar a promocionar la empresa

Hay que abandonar esas pautas y seguir otras diferentes, detectar dónde está el negocio, partir de lo que hace la empresa y ver en qué puede cambiar su producto, lo que ofrece, innovar para plegarse a las necesidades actuales del mercado.

3. Estudiar cómo es el cliente hoy

Tampoco los españoles son como antes de la crisis. El paro, la reducción de ingresos y un futuro incierto han hecho que el consumo se reduzca de manera extraordinaria. Quienes antes compraban sin temor, hoy miran cada gasto con lupa.

Hay que detectar qué quieren, cuánto están dispuestos a pagar, de qué prescindirían... para así replantearse la estrategia de negocio.

4. Aceptar diversas opiniones

En un momento en que todo está en continuo cambio, es muy importante dejarse asesorar. Las organizaciones empresariales, mediante reuniones y cursos, pueden dar claves muy importantes para sacar adelante un negocio.

También es relevante ver cómo otras compañías han remontado en una situación precaria. Los periódicos económicos y los informativos de televisión suelen poner ejemplos de empresas que, con técnicas muy sencillas, han sabido reorientar su negocio. En muchos casos, es posible aplicar estas pautas en la propia empresa.

Y no menos importante es la opinión que puedan aportar los trabajadores. Ellos están en contacto día a día con los clientes, con el producto y saben bien lo que quiere el ciudadano y cómo mejorar las ventas.

5. Prescindir de lo superficial

Muchas veces la empresa tiene infraestructuras que apenas utiliza, locales mal situados a los que acude muy poca gente, teléfonos de empresa innecesarios para los empleados, trabajo mal repartido, elevadas dietas por comidas, es cliente de un banco que le cobra muchas comisiones, etc. Si el empresario logra deshacerse de lo superfluo, es posible ahorrar un dinero que puede dedicarse a cosas más importantes.

6. Elaborar una nueva estrategia de negocio

Con toda esta información (cómo son los clientes en la actualidad, qué piden, qué necesitan, etc.) el empresario debe elaborar nuevas estrategias, cambiar cuando sea necesario...

Para ello también hay que ver el capital con el que cuenta la compañía. Estas modificaciones no siempre tienen que ser profundas. A veces, bastan cambios pequeños sirven para dar un nuevo aire al negocio. Dirigirse a otros clientes o renovar el establecimiento si está de cara al público son transformaciones que pueden dar un nuevo empuje a la empresa.

7. Apostar por el teletrabajo

Cuando el tipo de negocio lo permita, puede ser una buena idea que los empleados realicen la mayor parte de su jornada laboral desde casa. Algunas empresas optan por que los trabajadores solo vayan a la oficina uno o dos días y el resto del tiempo ejerzan sus funciones a distancia.

Además de que el teletrabajo suele ser positivo para los empleados, supone un ahorro para la empresa en electricidad, calefacción, pluses de transporte e incluso puede trasladarse a locales más pequeños. Según algunos estudios, aumenta la productividad.

8. Ofertas impactantes

De manera temporal, las ofertas pueden servir para reflotar el negocio.

Hay empresas al borde de la quiebra que han bajado mucho el precio de sus productos, sin disminuir la calidad, y han logrado no solo capear el temporal, sino aumentar sus ventas y generar puestos de trabajo.

9. Darse a conocer tras los cambios realizados

De nada sirve la nueva estrategia, las ofertas o la renovación del local, si la gente no sabe que la empresa ha cambiado. Mediante acciones de márketing y publicidad se puede informar al público sobre las novedades, la bajada de precios, el nuevo producto que se ofrece...

Estas promociones no siempre tienen por qué ser demasiado costosas. Cuando el negocio está a pie de calle, se puede utilizar el propio local para dar esta información al ciudadano. Las cuñas radiofónicas o el reparto de folletos también suelen ser eficaces.

10. Utilizar las nuevas tecnologías y las redes sociales

Internet es una herramienta muy útil para dar a conocer el negocio. Hoy en día, muchas personas consultan a través de la Red la información que antes buscaban en las guías telefónicas.

Tener una página web atractiva y clara es muy importante para cualquier tipo de negocio. Además, estar en las redes sociales es un punto a favor de las empresas, que pueden promocionarse de manera casi gratuita.

Tema 1. Cobro de morosos, más allá del disfraz

Conviene avisar del viaje a la entidad con la que se tiene contraída la deuda para evitar un embargo, una comisión rogatoria o la inclusión en un fichero de morosos. Pero, ¿es legal marcharse a vivir fuera de España mientras se tienen deudas?. La persistencia de la crisis económica y la destrucción de empleo propician que muchos españoles decidan salir del país en busca de nuevas oportunidades laborales. Además, las dificultades económicas hacen que cada vez sea más complicado cumplir con las obligaciones financieras y la morosidad aumenta mes a mes.

Cuando una persona que quiere salir de España tiene problemas de pago y detecta la posibilidad de caer en la morosidad, lo primero que debe hacer es acudir a la oficina de su entidad para explicar su situación y tratar de llegar a un acuerdo en el que se modifiquen las condiciones del crédito. Hay que tener en cuenta que a las entidades financieras les interesa cobrar el préstamo, aunque sea más tarde.

De cualquier modo, si una persona morosa decide irse a vivir durante un largo periodo a un país extranjero, al abrir una cuenta en un banco local del país en cuestión, es difícil que la entidad tenga conocimiento, a priori, del dinero que se adeuda en España. No obstante, si los juzgados del país reciben una orden de un juzgado español, esta cuenta bancaria puede ser embargada: es lo que se conoce como comisión rogatoria.

Si un juzgado tiene que tramitar parte de un procedimiento, como puede ser la ejecución de una sentencia, a través de la comisión rogatoria solicita la cooperación de los juzgados del país que corresponda y les transmite la orden de hacer cumplir lo acordado en España. Pese a que se trata de un trámite complejo y largo en el tiempo, es un instrumento de uso habitual. Además, significa que nuestro país tiene medidas adoptadas para poder hacer efectivas en el extranjero las sentencias dictadas por los juzgados españoles sobre morosidad.

Cuando se ha recibido una notificación del banco en la que se insta a abonar una deuda, según el tipo de procedimiento que se inicie en los juzgados españoles, se dicta una resolución condenando al moroso a pagar lo que debe, más los correspondientes intereses, y se inicia la ejecución, por la que se investiga si la persona tiene bienes y se procede al embargo, si procede.

Si se es deudor y se hace un viaje corto al extranjero, los pagos deberán hacerse con tarjeta de débito o en efectivo

En cuanto a la hipoteca de una vivienda o la letra de un coche, lo más probable es que estos bienes, que se encuentran en España, salgan a subasta y se los quede el banco o un tercero y, según lo que se obtenga en la citada subasta, la deuda quedará o no cancelada.

En cualquier caso, todos los asuntos relativos a deudas se tramitan por el procedimiento civil. Si en el deudor que ha salido de España no concurren otras circunstancias, como la apropiación indebida o la estafa, en las que sí se puede iniciar un procedimiento penal, no se dictará sobre él una orden de "busca y captura".

Si se pretende hacer un viaje corto, se puede llevar a cabo con total tranquilidad. Aunque una persona tenga deudas, no hay ningún impedimento para que viaje al extranjero, a no ser que pese sobre ella una orden oficial de busca y captura.

El único contratiempo que se puede plantear es que al abonar el billete de avión, barco o cualquier otro medio de transporte, y el alojamiento con tarjeta de crédito (VISA, Master Card, American Express, etc.), el banco emisor de esa tarjeta la haya cancelado y no se pueda realizar el pago con ella. Si los pagos se hacen en efectivo o con tarjeta de débito no se tendrá ningún problema.

Una vez que las entidades financieras o los acreedores de la deuda han presentado una demanda de pago, si esta es aceptada, se da paso al embargo de la vivienda o de los otros bienes con los que el moroso puede responder al impago. A partir de este momento, el deudor tiene la posibilidad de presentar un acuerdo de pago en el que se incluyen las costas judiciales, lo que puede paralizar la subasta de sus bienes. Si no se llega a un acuerdo, se produce la subasta de la que la entidad o el acreedor obtendrán el pago de la deuda, incluidos los intereses de demora, comisiones, costas judiciales y demás gastos, recomiendan estar al corriente de los pagos para no dejar la casa en manos del banco. Por su parte, los expertos aconsejan que nunca se deje de abonar más de dos cuotas. Cuando se han dejado de pagar más de tres cuotas, el banco considera que se es moroso y suele iniciar el proceso de ejecución hipotecaria, con el que no reclama las mensualidades atrasadas, sino el importe total de la hipoteca, a un interés que puede llegar hasta el 25%, además de las costas judiciales.

Si no se paga, se subasta el inmueble y, a partir del cuarto mes de impago, contando desde el vencimiento de la obligación incumplida, se puede introducir a una persona en el archivo de morosos. El impago del deudor solo podrá estar registrado en el fichero de morosidad durante un plazo máximo de seis años, periodo que se contabiliza a partir de la inclusión del nombre en el registro. Por norma general, el responsable del fichero debe notificar al afectado su inclusión en el mismo.

Cuando la venta de la vivienda no cubre la totalidad de la deuda, el acreedor puede seguir reclamando el dinero adeudado y solicitar el embargo del resto de posesiones del deudor e, incluso, embargar su nómina. En este sentido, el orden de los haberes a embargar sería el siguiente:

1. Dinero en efectivo o cuentas abiertas en entidades de depósitos.

2. Créditos, valores y derechos sobre productos financieros a corto plazo.

3. Sueldos, salarios y pensiones. El deudor tiene que percibir un sueldo que le permita subsistir de acuerdo con el Salario Mínimo Interprofesional, por lo que solo se embargarán las cantidades adicionales.

4. Bienes e inmuebles.

5. Joyas y antigüedades.

6. Frutos y rentas de toda especie.

7. Bienes muebles y semovientes.

8. Créditos, derechos y valores realizables a largo plazo.

En último caso, el banco puede recurrir también a las personas que han ejercido como avalistas y solicitarles el pago de la deuda y embargarles.

Aunque los sistemas que utilizan los cobradores uniformados son muy llamativos, hay otros métodos para recuperar el dinero. Es uno de los pocos sectores que ha crecido de manera espectacular con la crisis. Al igual que ha ocurrido con las casas de empeño o la compra de oro, el cobro de deudas es uno de los negocios más beneficiados por la mala situación que atraviesa la economía. En paralelo, sus métodos también se han modificado porque con la recesión el tipo de deudor es muy distinto. Según el trato que el contratante quiera para éste, puede dirigirse a gestoras con personal disfrazado o a otras cuyos métodos de cobro son más discretos. Estas últimas aseguran que quienes emplean comerciales uniformados para perseguir al moroso les perjudican, ya que utilizan métodos prohibidos en el resto de Europa.

Miles de personas a quienes hace unos años ni se les habría pasado por la cabeza que podrían deber una cuota de la hipoteca o el pago de la mensualidad de un crédito personal se encuentran hoy llenos de deudas. Unas veces el culpable es el paro; otras, la quiebra de la empresa y, en muchas ocasiones, un trabajo que no han cobrado (una situación que sufren cientos de autónomos). Éste es el tipo de deudor que no paga porque no puede, no porque no quiera. En su caso, la posibilidad de cobrar se complica. Por eso las empresas tienen que cambiar su forma de actuar. De nada sirve ridiculizar al moroso.

A los acreedores se les hace cada vez más difícil saldar la deuda por sí mismos. Si estos son también morosos, alimentan la cadena y el sistema de pago se colapsa.

Ante la imposibilidad de obtener su dinero, la persona a quien se debe una cantidad acude a las agencias de recobro que, por un porcentaje más o menos elevado del capital obtenido -en función de la antigüedad de la deuda y de la empresa-, se comprometen a recuperar el dinero o, al menos, a intentarlo.

Al elegir la entidad de gestión de cobro, hay que decidir la imagen que el contratante quiere transmitir a su deudor. Los comerciales disfrazados generan en el moroso una mala imagen sobre la empresa a la que debe dinero. Esto puede repercutir de forma negativa sobre futuros contratos, tanto propios como de otros potenciales clientes.

La Asociación Nacional de Entidades de Gestión de Cobro (ANGECO) agrupa, desde 1994, a las empresas o sociedades que tienen como objeto social la prestación de servicios de recobro de cantidades impagadas, tanto por vía amistosa como por vía judicial. Destacan su exigencia con la calidad y el nivel profesional de las empresas que la integran: hay un estricto código ético que todos los miembros deben cumplir, así como una serie de directrices de funcionamiento y organización que son condición necesaria para incorporarse a la asociación.

Las empresas que forman parte de esta asociación se comprometen a respetar a las personas y su vida privada, además de intentar que la deuda se liquide lo antes posible y por vía amistosa. La confidencialidad de las informaciones referentes a clientes y deudores, y la actuación dentro de la legalidad son otros requisitos inexcusables. Aunque este último extremo parece evidente, no son pocas las empresas de este tipo que bordean los límites de lo lícito. Llegan incluso a la amenaza, a la coacción o a la intromisión en la intimidad, el honor o la propia imagen del deudor. Son entidades que dañan al sector por la gestión de cobro. Y sólo sucede en España, el único país de la Unión Europea que acepta que las empresas utilicen comerciales disfrazados para perseguir a los morosos y conseguir que paguen su deuda.

Además de cobrar una comisión, algunas compañías piden, al firmar el contrato, una cantidad por anticipado. La cuantía de la comisión depende de la antigüedad de la deuda. Puede oscilar entre un 5%, si es muy reciente, y un 50%, cuando ha pasado más de una década. El motivo: la mayoría de las cuentas pendientes actuales son saldadas cuando se recurre a una de estas empresas. Sin embargo, el porcentaje de éxito con las antiguas es mínimo.

Cuando un particular, una compañía o un comerciante quieren contratar a una empresa de cobro de morosos deben llevar los documentos que certifiquen que son los acreedores. Es preferible la entrega de copias y siempre conviene conocer el historial de la gestoría antes de contratarla. Su integración en una asociación que asegure un comportamiento ético con el deudor, será una garantía de buen trato hacia el cliente.

Uno de los métodos que se utilizan para que el moroso pague es el envío de cartas de preaviso a su domicilio. Primero se localiza su vivienda, un dato que puede ser aportado por el acreedor o investigado por la compañía. En la correspondencia se informa sobre el dinero pendiente de abono y se avisa, entre otras cosas, de que la persona puede pasar a formar parte de un registro de morosos. También se enumeran las consecuencias que trae consigo.

Cuando las cantidades no son muy elevadas, como las correspondientes a facturas telefónicas, pequeños pagos de la tarjeta, de seguros o alguna cuota de productos comprados a través de un crédito al consumo, el envío de la carta tiene éxito y los deudores devuelven el dinero, puesto que el esfuerzo que deben hacer no es demasiado elevado en comparación con los efectos negativos que conllevaría no hacerlo. El éxito que consiguen las empresas de cobro con los particulares es muy superior al que logran con las empresas.

Las respuestas a este requerimiento son variadas: desde la persona que asegura que el titular ya no vive en el domicilio hasta quien niega ser deudor. También cabe la posibilidad de que, ante la frecuencia de los avisos, opte por pagar. Las llamadas telefónicas pueden ser meros recordatorios, aunque nunca se debe amenazar.

Las empresas emplean, en ocasiones, a gestores que aconsejan al deudor sobre la mejor manera de abonar el dinero y dan facilidades a quienes no pueden pagar. El objetivo es llegar a un acuerdo para recuperar la mayor cantidad de dinero posible o la totalidad de la deuda, en el mejor de los casos. Siempre sin acosar.

Los cobradores conocen las razones de los consumidores que no pueden hacer frente al pago: imprevistos, malos presupuestos familiares, ser integrante de una cadena de morosidad... También reconocen al moroso profesional, que no salda la deuda porque no quiere, utiliza todos los subterfugios legales para retrasar al máximo el pago y se sitúa al borde o fuera de la legalidad cuando lo considera necesario.

La clave del éxito es saber tratar a cada cliente de manera personalizada. Los buenos gestores redefinen un plan de pagos para facilitar al ciudadano que abone su deuda de acuerdo a su situación. En otras ocasiones, permiten realizar el pago a través de Internet con la tarjeta de crédito. Cuando el deudor recibe una carta de la compañía para que devuelva el dinero, puede consultar la página web de la empresa y resolver las dudas que suscita la recepción de este tipo de correspondencia.

El pago puede hacerse por Internet mediante un formulario en el que el cliente indica sus datos personales, el número de referencia de la carta recibida, la mejor hora para contactar con él, el importe total de la deuda, el plazo en el que va a pagar, el medio a través del que lo hará -tarjeta de crédito, de débito, ingreso en cuenta o transferencia- y la fecha del primer pago (se puede realizar de forma fraccionada).

Tema 2. ¿Cómo saber si estás en una lista de morosos?

Las deudas prescriben, pero para ello el acreedor no debe haber ejercido ninguna acción para reclamarla y el deudor no debe reconocer que tiene un impago. ¿Prescriben las deudas? ¿Cuándo lo hacen? Quien espera cobrar una deuda debe saber que es conveniente reclamarla cuanto antes, ya que obtener un reconocimiento de su derecho al cobro le permitirá ejercer acciones contra el deudor. ¿Y qué pasa en caso contrario? Si alguien tiene un impago, aunque sea pequeño o injusto, debe saber que si lo reconoce, la deuda no prescribirá nunca.

Las deudas no se pueden reclamar eternamente y tienen un plazo de prescripción, aunque no existe uno general o común que se pueda aplicar a todos los impagos. Mientras este periodo no haya pasado, el acreedor puede reclamar que se le abone una deuda, incluso acudiendo a los tribunales de justicia. Sin embargo, una vez cumplido el tiempo de prescripción, no se puede reclamar un pago de deudas pendientes por ninguna vía.

Conviene tener en cuenta algo muy importante: ¡la prescripción de una deuda no es algo automático! Así, el deudor tiene que alegar la prescripción y demostrar que han transcurrido los plazos.

Si la deuda está reconocida por una resolución judicial, no habrá tiempo de prescripción. Esto quiere decir que se puede exigir sin plazo, hasta que se extinga la deuda.

Además, hay dos requisitos indispensables para que una deuda prescriba:

1. El acreedor no debe haber ejercido ninguna acción para cobrarla judicial ni extrajudicialmente, como una notificación mediante carta o requerimiento notarial. Y es que las deudas, en numerosas ocasiones, prescriben por negligencia o abandono por parte del acreedor.

2. El deudor no tiene que haber aceptado, ni de forma expresa ni de manera tácita, que tiene una deuda pendiente de abono.

Recientemente entró en vigor la Ley 42/2015 de reforma de la Ley 1/200 de Enjuiciamiento civil (que modifica el artículo 1964 del Código Civil), las deudas derivadas de un contrato personal que no tengan señalados términos especiales prescriben a los cinco años.

Pero hay casos para los que la ley sí que establece un tiempo concreto de prescripción, ¿cuáles son estas deudas y sus plazos?

Suministros domésticos. Las deudas por los impagos del agua, la luz, el gas o el teléfono, entre otros suministros, prescriben a los cinco años. No obstante, se aplica en ocasiones el periodo de tres años (determinado en el artículo 1967.3, que fija los plazos para abonar a los comerciantes el precio de los géneros vendidos).

Deudas de alquiler. Las deudas derivadas del impago del arriendo de un piso tienen una prescripción de cinco años.

Deudas de pensión alimenticia. Estos impagos también se quedarán sin cobrar tras cinco años sin que haya reclamación fehaciente del acreedor o sin que el deudor la asuma.

Deudas comerciales con otras empresas. Prescriben a los cinco años.

Deudas con abogados, registradores o notarios. A los tres años prescriben las deudas con estos profesionales.

Deudas con farmacéuticos o profesores. Su plazo de prescripción es también de tres años.

Deudas tributarias. La Administración tiene un tiempo de cuatro años para determinar la deuda con Hacienda, mediante la oportuna liquidación.

Deudas con las tarjetas de crédito. Tienen un periodo de prescripción de 15 años. En el contrato de una tarjeta, el emisor se obliga a unas prestaciones a cambio del abono de una cuota anual y a pagar las cantidades dispuestas en la forma convenida. El banco tiene la obligación de hacer frente a las facturaciones que se presenten. Entre la entidad y el titular de la tarjeta se establece un contrato de apertura de crédito de naturaleza personal, sometido al plazo general de 15 años. Por ello, el banco dispone de ese tiempo para reclamar al titular de la tarjeta tanto las cuotas impagadas como los intereses de demora.

Deudas hipotecarias. El plazo de prescripción de una hipoteca es de 20 años, comenzando a contar desde el vencimiento que tiene fijado el préstamo.

Si un deudor paga al acreedor una deuda que estaba prescrita, no puede reclamarle después la devolución del importe abonado. Y esto no se debe a que fuera su obligación pagar su deuda, sino al modo de funcionar de la prescripción.

Como la prescripción no se produce de forma automática, sino que el deudor debe hacerla valer, si este no se opone a la reclamación del acreedor, y no manifiesta que la deuda está prescrita, el derecho de crédito del acreedor sigue legalmente vigente. Y, por ello, lo pagado por el moroso es lícito, pues ha cumplido con lo que en realidad debía.

Estar en un listado de morosos es más fácil de lo que parece, lo que puede complicar mucho la vida a la persona que no ha pagado su deuda. No hace falta tener grandes deudas para acabar en un fichero de morosos. No pagar un mes de agua o luz o devolver un recibo es considerado también un tipo de morosidad. El importe que se deba abonar puede ser ridículo o puede parecer injusto pagar por un servicio que no se ha recibido o ha sido malo. Pero la decisión de no hacerlo puede derivar en acabar en un listado de morosos. Aunque, en principio, deben avisar cuando una persona está incluida en una de estas listas, si hay dudas es posible consultar los ficheros de los principales registros y, en su caso, modificar los datos y hacer que le excluyan de ellos. En los listados de morosos los acreedores incorporan los datos de los clientes que han dejado impagada una deuda.

Estar en un listado de morosos es más fácil de lo que parece y puede complicar mucho la vida a la persona. A quien forma parte de uno de estos ficheros, el banco puede denegarle una hipoteca o un crédito, ya que en su historial aparece como mal pagador. Además, puede que tenga que abonar una fianza al contratar nuevas líneas de teléfono o servicios como la luz y el gas.

En el momento de hacer una compra por un importe elevado, también es posible encontrarse con problemas. Estar en una lista de morosos puede ser un obstáculo al adquirir a plazos una televisión, un ordenador o cualquier electrodoméstico, mueble, etc. cuyo precio sea alto.

Hay numerosos registros de impagados, pero los más utilizados por las entidades financieras en España son el de ASNEF (Asociación Nacional de Entidades de Financiación) y el de RAI (Registro de Aceptaciones Impagadas).

ASNEF se nutre a partir de la información que le aportan bancos, empresas de telecomunicaciones, de servicios, aseguradoras...

El listado RAI depende del Centro de Cooperación Interbancaria -creado por bancos, cajas y cooperativas de crédito- y tiene la información relativa a impagos de personas jurídicas. Las deudas deben ser por valor igual o superior a 300 euros y estar en documentos en los que conste la firma del deudor reconociendo la deuda.

¿Cómo saber si estoy en una lista y consultar mis datos?

ASNEF. Puede solicitarse la información por escrito dirigiéndose al Servicio de Atención al Consumidor, al fax 91 768 77 53, por correo electrónico a sac@equifax.es o al apartado de correos 10.546, Madrid 28080. En el escrito se tiene que indicar el nombre y apellidos -o razón social de la empresa-, el DNI/NIF/CIF, un domicilio al que se pueda remitir la respuesta y la fecha de envío y firma. Además, hay que adjuntar fotocopia de algún documento acreditativo de la personalidad. Para garantizar la confidencialidad no se suministra información a ninguna persona distinta del propio interesado.

RAI. En este caso hay que acceder desde la página web oficial, dar el CIF y rellenar un formulario de solicitud. Para acceder a la información de este registro es necesario darse de alta.

Por supuesto, si se tiene una deuda, hay que abonarla. Pero, a veces, aunque se haya pagado, la deuda sigue apareciendo, porque los acreedores no envían a la gestora del registro los datos actualizados. Así que, casi siempre, el afectado es quien tiene que solicitar salir de la lista de morosos.

Si los datos fueran inexactos o incompletos, se puede ejercer el derecho de rectificación o cancelación. En el caso de ASNEF, hay que dirigir una petición por escrito al fax 91 768 77 53 o al apartado de correos 10.546, Madrid 28080. Es imprescindible que la solicitud vaya firmada por el interesado y que se acompañe de fotocopia del DNI o documento equivalente y la documentación que acredite el pago.

En todos los casos, sea en el registro de morosos que sea, en un plazo de 10 días el responsable del registro debe responder acerca de la eliminación de los datos personales del afectado.

Si la contestación no es de su agrado, debe poner una reclamación frente a la Agencia Española de Protección de Datos (AEPD). Para ello hay que adjuntar a la reclamación la documentación que muestre que se ha requerido la baja en el registro de morosos.

Cualquier ciudadano que se esté incluido en un listado de morosos tiene los siguientes derechos:

Derecho de acceso: para obtener la información referente a los acreedores, los importes y sus teléfonos. También sabrá a qué entidades han consultado en los últimos seis meses.

Derecho de cancelación: permite que se supriman los datos que resulten ser inadecuados o excesivos.

Derecho de oposición: reconoce a los ciudadanos para que puedan defender su privacidad, controlando por sí mismos el uso que se hace de sus datos personales, y el derecho a que no se lleve a cabo el tratamiento de estos.

Derecho de rectificación: es posible corregir errores, modificar los datos que resulten ser inexactos o incompletos y garantizar la certeza de la información.

Aparecer en un fichero de morosos durante bastante tiempo, incluso por pequeños impagos, es sencillo, mientras que hay más dificultades para salir de él. Más de cuatro millones de españoles están incluidos en los ficheros de la Asociación Nacional de Establecimientos Financieros de Crédito (Asnef) y Equifax. ¿Cómo es posible que sean tantos?. Pero, para que nos incluyan, el acreedor debe seguir una serie de requisitos que no siempre se cumplen, notificarlo y cerciorarse de que la notificación se ha recibido por parte del deudor. También veremos que si bien entrar es fácil, salir no lo es tanto y, a veces, es necesario recurrir a la justicia para que un nombre desaparezca de un fichero de morosos.

¿Existen aún las listas de morosos? Sí, y pueden ser la causa de muchos problemas. Son un fichero de consulta pública que aporta información sobre los impagos tanto de una persona física o jurídica. En estas listas, los acreedores informan de los datos de los clientes que soportan una deuda con dicha entidad, "cediendo sus datos personales, el importe de la deuda al alta, el importe debido a la fecha de la consulta, la fecha de alta y las terceras entidades que han consultado los datos del deudor en los últimos seis meses".

La finalidad de estas listas es, en teoría, participar en la mejora de la solvencia del sistema financiero. Sin embargo, en realidad "se han convertido en una medida de presión frente a los morosos, sean estos voluntarios o involuntarios", ¿Por qué? Porque estos ficheros de datos son accesibles para las empresas y entidades asociadas, "sobre todo para los bancos y las compañías crediticias, y les sirve como aviso del tipo de cliente al que se enfrentan".

Aparecer en un fichero de morosos es relativamente sencillo. "Un simple descuido a la hora de pagar la factura del teléfono, por ejemplo, puede suponer la inclusión en este tipo de ficheros", indica Igor Cieker. Pero siempre "tiene que existir una deuda cierta, exigible y vencida", cuya responsabilidad de impago recaiga en la persona a la que se va a incluir en el fichero.

Un acreedor tiene la obligación de mencionar la inclusión en los ficheros, si la deuda no se abona en un plazo determinado

Además, para poder meter a un cliente en el listado en el contrato se debe advertir de esta posibilidad de inclusión o haber requerido el pago con carácter previo al alta registral, "con obligación de mencionar la inclusión en tales ficheros si la deuda no se abona en un plazo determinado", señala el experto Alberto Zurrón. Y solo se puede exigir "siempre que no se haya devengado con anterioridad a cinco años", añade.

La normativa acerca del requerimiento viene fijada sin ambages en la Ley Orgánica 3/2018, de 5 de diciembre, de Protección de Datos Personales y garantía de los derechos digitales. En el artículo 20.1.c) se exige que el acreedor haya informado al afectado. El solo incumplimiento de este requisito, "aunque la deuda fuera cierta y debida, da lugar a la vulneración del derecho fundamental al honor del deudor si sus datos son posteriormente inscritos".

Además, el responsable del fichero de morosos común debe notificar al interesado, "en el plazo de treinta días" desde dicho registro, una referencia de los que hubiesen sido incluidos. También tiene que informarle de la posibilidad de "ejercitar sus derechos de acceso, rectificación, cancelación y oposición". Hay que efectuar una notificación por cada deuda concreta y determinada, "con independencia de que ésta se tenga con el mismo o con distintos acreedores".

La notificación se debe hacer a través de un medio fiable, auditable e independiente de la entidad que lo notifica, "que permita acreditar la realización de los envíos". Y es importante tener en cuenta que el responsable del fichero de morosos tiene que conocer si la notificación ha sido objeto de devolución por cualquier causa y que, si ha sido devuelta, "no puede proceder al tratamiento de los datos referidos a ese interesado, salvo que no se haya recibido porque el moroso haya rehusado hacerlo".

La razón más habitual por la que alguien se encuentra en un fichero de morosidad en España está en "las deudas por el impago de facturas telefónicas y por descubiertos en cuentas corrientes e impagos de cuotas mensuales generadas por el uso de tarjetas de crédito".

"El problema es que la cantidad de la deuda no importa a efectos de los perjuicios que supone estar en un listado de morosos". Hasta hace dos meses no había ninguna condición que registrara un importe mínimo para la inclusión de datos en un fichero de morosos. Y desde la aprobación el pasado diciembre de la ley de protección de datos, en la que se regulan también los sistemas de información crediticia (los ficheros de morosos), con solo deber 50 euros ya pueden incorporarnos a estos listados.

Existen distintos supuestos en los que se puede salir de una lista de morosos:

Cuando la deuda contraída ha sido abonada.

Si han transcurrido cinco años desde la inscripción en el fichero de morosos, puesto que no es legal ceder datos personales sobre la solvencia de una persona una vez transcurrido este tiempo.

Si la inclusión en el fichero no ha sido convenientemente comunicada.

Si la deuda no es real, el presunto acreedor está en desacuerdo o no se puede demostrar el impago.

En este último supuesto de deuda controvertida la deuda existe, pero deudor y acreedor no están de acuerdo en el importe. "Esto sucede, por ejemplo, cuando se solicita un préstamo rápido, en el que el importe principal es de 1.000 euros pero que, al aplicarle los gastos e intereses que no son conformes a la ley, aumenta hasta los 3.000 euros. La deuda existe pero el importe de la deuda no es conforme".

¿Y cómo se puede actuar si hay "resistencia canceladora" en el acreedor? una vez pedida y denegada, se procede a la "interposición de una demanda ante el juzgado, en la cual se solicita no solo la cancelación registral de la deuda (a la cual el 90 % de las entidades acceden de forma cautelar una vez reciben la demanda), sino también una indemnización cuya cuantificación dependerá fundamentalmente del tiempo en el que los datos hayan estado anotados y de las terceras entidades que los hayan visionado".

¡Es imposible que me hayan incluido en una lista de morosos! ¡Si no tengo ni siquiera contrato con esa compañía! Un problema añadido de las listas de morosos es "la suplantación de identidad, que se da con bastante frecuencia".

Sucede cuando la empresa no ha verificado con la suficiente diligencia la calidad de los datos al formalizar los contratos. Como consecuencia, da lugar a un apunte en el fichero y se agrega una deuda cuyo titular nominal nunca ha firmado el contrato del que trae causa la deuda.

Formar parte de las "listas negras" encargadas de enjuiciar la solvencia patrimonial de los españoles, los llamados ficheros de morosos, es más fácil de lo que parece. Incluso nombres de registros como Asnef o Rai resultan más o menos conocidos. Sin embargo, no todo el mundo sabe cómo se acaba dentro de una lista de morosos y, mucho menos, cómo abandonarla. Un retraso en el pago de las cuotas de la tarjeta de crédito, un par de letras del préstamo coche impagadas o una factura de la compañía telefónica que no ha sido convenientemente satisfecha pueden ser motivos más que suficientes para que el nombre de la persona que los debe acabe figurando en un fichero de morosidad.

Tema 3. Cómo salir de un listado de morosos

Moroso es la persona física o jurídica que no ha cumplido una obligación a su vencimiento, en el ámbito bancario español se suele aplicar a partir del tercer recibo impagado.

Para ser reconocido legalmente como moroso debe obrar en poder de ambas partes un documento legalmente reconocido donde el deudor esté obligado a efectuar dichos pagos por ejemplo: contratos de créditos, contratos de tarjetas de crédito, contratos de servicios telefónicos, escrituras hipotecarias y escrituras de crédito con garantías hipotecarias, letras de cambio, cheques o pagarés impagados. De no existir dicho documento la deuda no existe legalmente y no se puede proceder contra el/la deudor/a.

Los morosos suelen incluirse en ficheros o listas automatizadas para apoyar la toma de decisiones en el ámbito financiero y crediticio, estos ficheros pueden pertenecer a asociaciones bancarias, financieras o empresas privadas. Las entidades consultan el fichero cuando una persona va a pedir un crédito, o una financiación, o cualquier otra operación que entrañe un riesgo económico, para comprobar si la persona que lo solicita está al corriente en operaciones similares con otras entidades. Es, por tanto, un mecanismo de información.

Como consecuencia ello puede traerles varios y graves problemas como la falta de aceptación de los bancos a la hora de fraccionar pagos o solicitar créditos o aplazamientos debido al riesgo que ello supone. También a la hora de contratar servicios de empresas de telefonía móvil.

Los morosos también son comunicados a la Central de Información de Riesgos de los bancos centrales de cada país. A su vez, las empresas pueden comunicar los datos del moroso a determinadas empresas privadas que se encargarán de facilitar los datos a los bancos cuando así ellos lo soliciten. También se notificara que se ha sido incluido en dichos ficheros y de cómo se puede salir de él (pagando, lógicamente).

En España, existen varias maneras de proceder contra los impagados: Una de ellas es el denominado proceso monitorio amparado en el derecho civil. Consiste en hacer una petición formal al juzgado de primera instancia de nuestra localidad haciendo constar los datos del moroso, domicilio (si se conociese) y cantidad impagada (sobra decir que esa deuda tiene que estar reconocida legalmente por algún documento mercantil incluso creado unilateralmente. Para presentar la demanda no es necesaria la presencia de abogado ni procurador pero este procedimiento sólo es aplicable para deudas no superiores a 30.000 Euros puesto que de lo contrario deberemos presentar una demanda formal ante el juez de primera instancia de nuestra localidad. El deudor podrá oponerse dentro de los primeros 20 días hábiles precisando siempre la asistencia de abogado y procurador.

Si la deuda es causada por el impago de documentos cambiarios (cheques, pagarés, letras de cambio) deberemos iniciar un juicio cambiario, donde la presencia de abogado y procurador es necesaria.

Tanto en un caso como en otro el juzgado remitirá a los deudores una comunicación dándoles de plazo 15 días para satisfacer la deuda pendiente más los intereses de demora ocasionados. Por otra parte podemos pedir que se ejecute el embargo preventivo de los bienes que el deudor tenga a su nombre hasta que la deuda sea satisfecha, en caso contrario, el embargo será definitivo.

A pesar de esta base, ni siquiera los expertos judiciales están de acuerdo al cien por cien sobre qué es morosidad. La mayoría de entidades de crédito no hablan de morosidad hasta que no han pasado tres meses desde el primer retraso en el pago de la deuda. Otras entidades ponen plazos de cinco días incluso. Pero tiene toda la lógica este plazo de tres meses: sirve para distinguir un accidente de un verdadero moroso. Para distinguir qué es morosidad de lo que no lo es, los expertos definen la condición de moroso asociándola al riesgo financiero. Riesgo financiero es, simplemente, qué posibilidades tenemos de cobrar. La tasa de morosidad define este riesgo en términos matemáticos: cuántos recibos en total tiene un deudor, por cuántos de ellos ha dejado de pagar. A más recibos impagados, mayor tasa de morosidad.

> Riesgo normal: Si se presenta un impago de una persona con riesgo normal, es porque con toda probabilidad cobraremos nuestra deuda. Un cambio de cuenta bancaria, una falta de liquidez momentánea, o causas de fuerza mayor.
>
> Riesgo dudoso: Cobro de recibos impagados en más de tres meses.

Riesgo fallido: Son impagados con meses o años de antigüedad y poca esperanza de cobrar. Pero «poca esperanza» no significa ninguna esperanza.

También las empresas especializadas en gestión de recobros e impagados tenemos nuestras discrepancias. Algunas agencias de cobros llaman «moroso» a cualquier deudor de sus clientes. Otras basándose en el famoso plazo de tres meses. Para estas empresas de recobro, la definición de qué es morosidad pasa a partir del riesgo medio. Y para otras empresas de recobro el término moroso se reserva para definir a los que, además de no pagar a tiempo, tampoco muestran intención de pagar.

Una factura no pagada en los plazos de vencimiento o el robo de una tarjeta de crédito cuyos gastos se adeudan al titular son algunos de los casos por los que se puede acabar incluido en una lista de morosos. Para salir de una lista de morosos no siempre basta con querer pagar la deuda, sino que hay que seguir un proceso farragoso que se debe formalizar del modo correcto. Es muy fácil entrar, pero a veces salir cuesta un poco más, aunque se advierte de que a veces no basta con querer pagar la deuda, sino que es preciso seguir un proceso farragoso que hay que formalizar de manera correcta para poder verse libre de las consecuencias que se derivan de la inclusión en una de estas listas.

Permanecer en una lista de morosos conlleva innumerables problemas. La denegación de un crédito personal o una hipoteca, la imposibilidad de acceder a ciertos productos y servicios financieros o el "cierre del grifo" para contratar cualquier fuente de financiación pueden ser algunos de los más inmediatos.

En ocasiones, las deudas se deben a un olvido o a formalizar de forma errónea el proceso de baja de algún producto o servicio

Los principales ficheros de morosos consultados por los bancos son el RAI, ASNEF o Experian, pero hay otros en donde se puede estar si se tiene una deuda vencida o impagada con alguna empresa, por muy pequeña que sea. Muchas veces son producto de un impago realizado a voluntad, pero en otros casos se deben a un olvido o al hecho de formalizar de forma errónea el proceso de baja de algún producto financiero (seguro, cuenta corriente...) o de los principales recibos domésticos (luz, agua, telefonía, gas...).

La deuda puede ser de poco importe, incluso inferior a 100 euros, pero esto ya es suficiente como para entorpecer la relación con los bancos y otras entidades financieras. De ahí la importancia de arreglar la situación con respecto a los impagos y de salir cuanto antes de estas listas.

Para que se produzca esta desagradable situación se deben reunir varios condicionantes:

Que haya una deuda real impagada por el usuario.

Que se le haya requerido el pago infructuosamente.

Que no haya pruebas documentales que anulen los dos puntos anteriores.

De cumplirse todos estos requisitos, los usuarios tienen todas las papeletas para entrar a formar parte del poco recomendable club de clientes morosos o malos pagadores.

La fórmula más sencilla para dejar de formar parte de una lista de morosos es muy fácil. Consiste en cumplir con la deuda y pagar lo que se debe. De esta forma se evita, además, el recargo de abonos, penalizaciones, comisiones, etc.

1. Lo más importante es dirigirse a la entidad que gestiona el listado de morosos, con el fin de solicitar la cancelación y que se encargue de enviarla al acreedor.

2. Debe mandarse una copia del Documento Nacional de Identidad y la documentación acreditativa sobre la inexistencia de la deuda, para lo cual es obligatorio enviar los justificantes de los pagos, de ser posible por burofax.

Esta parte del proceso pocas veces se formaliza del modo correcto. Es necesaria la ayuda de un gestor administrativo que se encargue de la cancelación o modificación de los nuevos datos aportados para que el procedimiento se desarrolle de manera acertada. En cualquier caso, hay que tener en cuenta que no se pueden ceder datos personales sobre la solvencia de un individuo durante más de seis de años.

3. También se puede solicitar la cancelación por no haber recibido el aviso de que se iba a ser inscrito en ese registro. En este caso, debe manifestarse de forma expresa en el escrito para evitar ser incluido en estas listas.

4. Si el usuario desconoce la dirección del responsable del fichero de morosos, se puede solicitar en la agencia Española de Protección de Datos, que los dará sin problema. El titular del fichero deberá responder sobre la eliminación de la persona de sus archivos en los diez días siguientes. Si los afectados no reciben una contestación en ese plazo -o sea insatisfactoria-, pueden reclamarlo ante la Agencia Española de Protección de Datos, siempre con la documentación acreditativa de haber solicitado la cancelación de los mismos.

¿Cómo actúan los bancos ante un impago?

Cuando se produce una situación de morosidad con el banco, en primer lugar se emplea una estrategia informativa para constatar que pueda ser debido a un descuido u olvido. Para ello, se ponen en contacto con el cliente -por teléfono o por correo- para informarle de su deuda y tratar de subsanar el problema cuanto antes.

De continuar con la situación de impago, lanzan mensajes más agresivos, en los que se comunican los intereses y comisiones que implica estar en la citada situación, así como un plazo para solventar la falta de pago que deberán cumplir con rigor.

El siguiente paso puede ser la notificación a través de una empresa externa de servicios jurídicos, con la advertencia a los morosos de las consecuencias de incumplir los pagos en los tiempos dados. Incluso en algunos casos se incide en la posibilidad de renegociar la deuda con el banco bajo otros parámetros diferentes a los acordados en inicio.

Es entre los tres y seis meses cuando las ejecuciones de las acciones por parte de las entidades financieras llegan a su límite. Dejan a un lado su estrategia informativa y se decantan por recurrir a procesos judiciales. Lo habitual es que se plasme a través de la interposición de una demanda contra el cliente deudor.

Tema 4. Qué medidas tomar frente a un vecino moroso

Los propietarios deben pagar las obras y servicios necesarios para conservar el edificio habitable, accesible y seguro, además de los gastos comunes generales. Y es que los costes que acarrea mantener un edificio suponen un esfuerzo que no todas las economías familiares pueden ya realizar. Por ello, es imprescindible conocer de qué gastos se puede prescindir y cuáles se han de sufragar de acuerdo a lo dictaminado por la Ley de Propiedad Horizontal, el marco regulatorio que rige la normativa y disposiciones de la comunidad.

Las comunidades de vecinos están sometidas y regidas por la Ley de Propiedad Horizontal, que tiene por objeto la regulación de la forma especial de propiedad establecida en el artículo 396 del Código Civil, denominada propiedad horizontal. Además, cada comunidad puede establecer sus propios estatutos internos. Estos documentos, que deben estar inscritos en el Registro de la Propiedad correspondiente, sirven para aproximar y adecuar la normativa legal a las necesidades de cada comunidad. Por ello, pese a que no son obligatorios, su adopción es recomendada por expertos y juristas con el fin de evitar y resolver situaciones de conflicto.

Tal y como especifica el artículo 10 de la Ley, es obligación de la comunidad realizar las obras necesarias para el sostenimiento y conservación del inmueble y de sus servicios, para que reúna las condiciones estructurales, de estanqueidad, habitabilidad, accesibilidad y seguridad. Esta contribución, se llevará a cabo con arreglo a su respectiva cuota de participación.

Según el artículo 9 de la Ley de Propiedad Horizontal, los propietarios deben contribuir (con arreglo a su cuota de participación) a los gastos generales para el sostenimiento del inmueble, sus servicios, cargas y responsabilidades que no sean susceptibles de individualización.

Así, según el tipo de inmueble y sus características, las zonas comunes de las que se beneficia cada uno de los vecinos (portal, escalera, ascensor, piscina o azotea), los gastos generales derivados de la conservación y reparación (electricidad, limpieza, portería, vigilancia, calefacción central o mantenimiento de instalaciones) o los gastos municipales (si la parcela donde está el edificio tiene referencia catastral, tendrá que costear la recogida de basuras o abonar el Impuesto sobre Bienes Inmuebles) han de ser sufragados en función de las distintas cuotas de participación fijadas en junta. Ello es así, siempre que no haya otros acuerdos en los estatutos.

Por tanto, el conjunto de propietarios de un edificio constituido en comunidad de vecinos debe compartir la responsabilidad y los beneficios de ese inmueble, aunque no utilicen todas sus dependencias o incluso aunque no residan en él. El carácter imperativo de esos gastos, al que todos los propietarios deben contribuir, se fija en función de la obligatoriedad de mantener en perfecto estado los bienes y servicios comunes del inmueble.

Por su parte, la cuantía de las cuotas de participación de cada uno se determina de forma porcentual y el baremo está fijado de antemano en las escrituras; unas cuotas que se deciden en función de la superficie de cada piso o local, de su incidencia en la comunidad, ubicación o el uso de elementos y servicios comunes.

De acuerdo a la ley, todos los propietarios están obligados a sufragar la cuota establecida por la comunidad para el pago de los gastos generales, pero también de aquellos que se deriven de las obras necesarias, siempre en función de su cuota de participación.

Así, deberán sufragar los gastos derivados de la realización de las obras de conservación y accesibilidad necesarias para el mantenimiento del edificio y de sus servicios, para que reúnan las condiciones estructurales, de habitabilidad y seguridad. Esto es, todas aquellas obras puntuales realizadas en zonas comunes, derramas o demás gastos imprescindibles.

La comunidad de vecinos debe contar con el denominado fondo de reserva, una cuantía que se fija de forma anual tras la aprobación del presupuesto de la comunidad y que, según la Ley, debe superar el 5% de su último presupuesto ordinario. Este fondo será utilizado para atender las obras de conservación y reparación de la finca o bien realizar una derrama extraordinaria, como las causadas por incendios, explosiones o inundaciones, para que los propietarios contribuyan de forma económica a dichas obras o reparaciones.

La Ley de Propiedad Horizontal refleja en su artículo 11 que ningún propietario podrá exigir nuevas instalaciones, servicios o mejoras no requeridos para la adecuada conservación, habitabilidad, seguridad y accesibilidad del inmueble.

La ley señala que cuando la junta de propietarios adopte acuerdos para realizar innovaciones no exigibles (aquellos servicios o mejoras no necesarios para la conservación, habitabilidad y seguridad del inmueble) y cuya cuota de instalación exceda del importe habitual de tres mensualidades ordinarias de gastos comunes, aquel propietario que no esté de acuerdo con este gasto no tendrá obligación de acometerlo.

Asimismo, tampoco podrá modificarse la cuota que deba pagar, aunque no pueda privársele de la mejora o ventaja. Ahora bien, esto será posible, siempre y cuando impugnen la decisión de la junta en un plazo no superior a tres meses y se encuentren al corriente de pago de cuantas deudas vencidas hubiese.

Agotada la vía diplomática ante el impago de un propietario moroso, la cantidad adeudada podrá reclamarse a través de un proceso judicial. Uno de los principales problemas para las comunidades de vecinos es la existencia de morosos; propietarios que, por una u otra causa, demoran o no abonan el pago de los gastos de la comunidad. Esta situación se ha visto acrecentada con los perversos efectos de la crisis económica y el pinchazo de la burbuja inmobiliaria.

Por norma general, los vecinos de un inmueble están obligados al pago de las cuotas y las derramas correspondientes al edificio en el que residen en la forma que haya sido determinada por la Junta de Propietarios. Aun así, en ocasiones, en algunas comunidades surgen problemas por causa de propietarios que se demoran en el pago de sus cuotas durante meses o incluso se niegan a abonar los gastos de la comunidad.

Este problema de morosidad tiene fácil solución si aplicamos la Ley. No obstante, antes de tomar medidas drásticas es conveniente intentar llegar a un acuerdo con el deudor. Así, la primera medida consiste en convocar una Junta Extraordinaria en la que se acuerde la liquidación de la deuda, es decir, indicar de dónde procede la deuda, su cuantía, así como las Juntas donde se aprobaron las derramas. Seguidamente la comunidad de vecinos ha de remitir la notificación al deudor comunicándole su situación e instándole a que ponga fin a su mora. La forma más habitual de notificar la deuda suele ser el burofax, ya que deja constancia de su recepción.

En caso de que el vecino moroso haga caso omiso a la notificación, la comunidad de propietarios puede reclamar la deuda judicialmente presentando una demanda. Esta medida puede ser llevada a cabo gracias a la reforma de la Ley de Propiedad Horizontal en la que se incluye el denominado proceso monitorio. Este proceso legal favorece el cobro de cantidades adeudadas a la comunidad de vecinos cuando se trata de deudas inferiores a 30.050 euros.

El procedimiento judicial comienza al presentar la demanda, en un plazo no superior a tres meses respecto a la Junta de Propietarios anteriormente citada, en el Juzgado de Primera Instancia de la localidad en la que se ubique el edificio. La presentación de la demanda debe hacerla el presidente o el administrador, sin necesidad de abogado o procurador.

A pesar de que no es obligatorio contratar un abogado o procurador resulta muy recomendable, puesto que la materia es compleja. Sin la presencia de un profesional jurídico la comunidad se expone a que por cualquier defecto de forma, error, un plazo que se agote o incluso un escrito mal planteado no se defiendan adecuadamente sus aspiraciones y perder el pleito. Además, las costas u honorarios de estos profesionales pueden cargarse al deudor en el caso de que prospere la demanda, aunque inicialmente los financie la comunidad.

Una vez puesta la demanda, el juez debe presentarla a trámite y requerir al deudor para que, en el plazo máximo de 20 días, salde la deuda o bien se oponga a su pago mediante un escrito de oposición alegando las razones por las que considera que no debe abonar las cantidades reclamadas.

Si el deudor no responde o decide no comparecer en el juicio, el juez puede dictar un acto de ejecución contra los bienes del moroso por la cantidad reclamada más los intereses. En el caso de que sí se presente en el juicio pero se oponga al pago, el juez podrá dictaminar el embargo preventivo del piso o local hasta cubrir la cantidad adeudada más los intereses y las costas. Es más, si el moroso decide apelar la decisión del juez, antes deberá satisfacer la deuda o consignarla, es decir, depositarla en una cuenta del juzgado.

Normalmente, el hecho de que la reclamación la realice un juez provoca que los deudores paguen inmediatamente. Como dato tenemos que un año después de imponerse la ley de las comunidades de propietarios la deuda que soportaban las mismas debido a los vecinos morosos se redujo en un 70%.

Por otra parte, la ley también especifica que los vecinos que no estén al corriente de sus pagos tienen el privilegio de asistir a las reuniones y recibir notificaciones de acuerdos pactados. Sin embargo, pierden el poder de votar en las juntas de propietarios y tampoco podrán impugnar los acuerdos que en ella se adopten. Igualmente la ley contempla la posibilidad de dar publicidad al nombre del vecino moroso en las circulares y notificaciones de la comunidad incluido el tablón de anuncios

1. Agotar la vía del diálogo con el vecino moroso

Diplomacia.

Según los expertos, el primer paso en el momento de detectar una situación de morosidad en el pago de las cuotas de la comunidad implica agotar al máximo la vía diplomática con el deudor. Esa vía estará sujeta a las circunstancias que rodeen cada caso particular, ya que no todos los asuntos de morosidad son iguales. No es lo mismo un propietario que decide no abonar las cuotas sin justificación legal alguna, que aquel que prueba de manera contrastada su falta de recursos para hacer frente al pago de los recibos y no cuenta con antecedentes de morosidad.

Plan de pagos.

En este último supuesto, tanto los vecinos como los administradores de fincas acostumbran a mostrarse más comprensivos y brindan posibles soluciones, como pagos aplazados, establecimiento de unas cuotas con las que sufragar poco a poco la deuda... Se trata, al fin y al cabo, de dar facilidades a quien muestra voluntad en solucionar la situación. Eso sí, ese plan, aprobado por la junta de propietarios, ha de constar en acta.

2. Recursos legales para incentivar el pago de un vecino deudor

Privación del derecho de voto.

En caso de no hallar voluntad de resolución por parte del moroso, hay una serie de recursos legales a disposición de los vecinos. Los propietarios pueden privar al vecino deudor de su derecho de voto (no así de voz) en las juntas.

Visibilidad de la situación de morosidad.

Otra posible medida, dentro de la legalidad, es la de hacer visible ante la comunidad la situación de morosidad, mediante su publicidad en las citaciones a junta y en las actas. Sin embargo, la Agencia Española de Protección de Datos (AEPD) ha impuesto sanciones a diversas comunidades por publicar en el tablón de anuncios la relación de aquellos vecinos que adeudaban cuotas a la comunidad sin su consentimiento. El único objetivo que debe perseguirse al poner la lista en el tablón es informar a los copropietarios deudores de que se hallan en tal situación y no poner en conocimiento de terceros tal hecho.

3. El procedimiento judicial contra quien no paga

Una vez consumada la vía amistosa y, ante la imposibilidad de alcanzar acuerdo alguno con el moroso, las opciones se reducen a la presentación de acciones judiciales, en un plazo máximo de tres meses desde la fecha del acuerdo de la junta de propietarios, según establecen la Ley de Propiedad Horizontal (LPH) y el Código Civil.

El procedimiento, conocido como Petición Inicial de Proceso Monitorio, está regulado por el artículo 21 de la LPH y se incluye en la Ley de Enjuiciamiento Civil. Ha de presentarse ante el Juzgado de Primera Instancia del domicilio del deudor. O bien, si se desconoce, en el emplazamiento donde el deudor pudiera ser hallado a efectos del requerimiento de pago por el Tribunal o en el Juzgado del lugar donde se halle la finca.

Para la petición inicial no se precisa de abogado y procurador, aunque algunos expertos lo recomiendan. Además, con la reforma de la Ley 37/2011 de 10 de octubre de Medidas de Agilización Procesal, se ha eliminado el límite de 30.000 euros para acudir al procedimiento monitorio. La cantidad máxima que se puede reclamar es de 250.000 euros.

Los pasos que se deben seguir en el procedimiento monitorio son:

1. El presidente o el administrador deben solicitar una nota simple al Registro de la Propiedad para asegurarse de que el deudor es el propietario de la vivienda.

2. Convocar una junta extraordinaria con todos los propietarios (con aviso de privación de derecho

del voto a los deudores), en la que se certifique y apruebe la liquidación de la deuda, la cuantía y su deudor. En el acta deben constar detalladamente los impagos.

3. Notificar de modo fehaciente el acta y los acuerdos adoptados a todos los propietarios y al propietario deudor (por lo general mediante carta certificada con acuse de recibo o burofax), con requerimiento de pago y un plazo para ello (20 días en los que el vecino moroso puede ponerse al corriente de sus pagos).

Cuando el deudor no recoge las notificaciones, se puede realizar a través del tablón de anuncios de la comunidad. Transcurrido un plazo de tres días, se considera realizada la notificación al deudor.

4. El presidente de la comunidad, autorizado por la junta, reclamará ante el juzgado la cantidad adeudada. Llegados a este punto, el deudor puede:

   o Pagar en el plazo de 20 días y finalizar el pleito.

- No pagar ni efectuar oposición: el juez dictará auto de ejecución contra los bienes del moroso por el importe reclamado más los intereses devengados, para lo cual se ordenará el embargo de los mismos. El vecino deudor respondería con la propiedad del piso.

- Oponerse: se citará a las partes para juicio verbal, o bien, el juez dará el plazo de un mes para que presente una demanda de juicio ordinario en reclamación de la deuda.

4. Reclamar la deuda a través de un administrador de fincas

El Colegio de Administradores de Fincas y las sociedades del Programa de Lucha contra la Morosidad en Comunidades de Propietarios han firmado un convenio por el que las comunidades que cuentan con un administrador de fincas profesional podrán reclamar de forma gratuita las deudas de los vecinos morosos.

A petición del administrador de fincas, previo consentimiento de los vecinos, los profesionales de estas sociedades redactarán los escritos de reclamación de cantidades; enviarán la reclamación extrajudicial y realizarán el seguimiento; presentarán, en su caso, la demanda judicial o arbitral; gestionarán las incidencias y el recobro; y promoverán la ejecución de la sentencia en el proceso monitorio.

El procedimiento abarcará la asistencia letrada y los gastos de la reclamación, incluido el abogado y el procurador en todas las fases.

La regulación de las relaciones entre los copropietarios de una comunidad de vecinos está sometida a la Ley de Propiedad Horizontal (LPH). El artículo 9 de la citada ley establece las distintas obligaciones que deben cumplir los dueños de la vivienda. Entre ellas destacan, en función a su cuota de participación, la contribución a los gastos comunes de la comunidad (facturas de la luz, agua, portero...); los gastos que se deriven de las obras necesarias (aquellas que aseguren el sostenimiento y conservación del inmueble); y la contribución al fondo de reserva (de forma obligatoria será de al menos el 5% del último presupuesto ordinario de la comunidad).

Según el artículo 21.1 de la LPH, estas obligaciones deberán cumplirse por el propietario de la vivienda o local en el tiempo y forma determinados por la junta. Así, en el momento de iniciarse esta, los vecinos que no estén al corriente en el pago de todas las deudas vencidas con la comunidad y no hubiesen impugnado judicialmente las mismas o procedido a la consignación judicial o notarial de la suma adeudada podrán participar en sus deliberaciones, si bien no tendrán derecho de voto (art. 15.2 de la LPH), al haberse verificado su condición de moroso.

La figura del administrador suscita, con frecuencia, opiniones encontradas entre los propietarios de una comunidad: desde el consabido "cobra todos los meses y no hace nada" hasta el reconocimiento de que "es el único que logró poner orden en el edificio"; desde las acusaciones de no rendir cuentas, hasta los elogios por su paciencia y búsqueda de la armonía entre los vecinos. Más allá de la controversia, lo cierto es que la tarea del administrador ha ganado en complejidad desde que se reglamentó la profesión en 1968: la evolución de las comunidades y la ampliación y diversificación de los servicios requieren respuestas muy diferentes a las de hace 40 años. Y, aunque la ley no exige su contratación, es recomendable contar con una persona imparcial ajena a la finca ante las posibles diferencias que puedan surgir entre vecinos.

Determinar hasta qué punto es necesario contratar los servicios de un administrador externo a la comunidad implica analizar la situación desde tres perspectivas:

Legal: ¿la ley obliga a contar con un administrador?

Práctica: ¿su trabajo puede ser desempeñado por un propietario cualquiera, o requiere de conocimientos específicos?

Económica: ¿cuánto cuesta un administrador? ¿merece la pena la inversión?

La Ley de Propiedad Horizontal 49/1960 -modificada por la Ley 8/1999- establece en su artículo 13 que las funciones del secretario y del administrador "serán ejercidas por el presidente de la comunidad, salvo que los estatutos o la junta de propietarios, por acuerdo mayoritario, dispongan la previsión de dichos cargos separadamente de la presidencia". Por lo tanto, la ley no obliga a contratar a nadie y hacerlo responde a una decisión de los vecinos de la comunidad.

La ley no obliga a contratar a un administrador y hacerlo o no responde a una decisión de los vecinos

El mismo artículo agrega más adelante que el cargo de administrador podrá ser ejercido por cualquier propietario, así como por personas físicas con cualificación profesional suficiente y legalmente reconocida para ejercer dichas funciones. También podrá recaer en corporaciones y otras personas jurídicas. La cualificación y el reconocimiento legal que menciona la ley como requisito para poder desempeñar la función de administrador de fincas se obtiene de dos maneras:

Estando en posesión de alguno de los siguientes títulos: licenciado en Derecho, Ciencias Políticas, Económicas, Empresariales, Veterinaria o Ingeniería Técnica Agrícola, Forestal o Agrónoma.

Cursando el plan de estudios de la Escuela Oficial de Administradores de Fincas, promovido por el Ministerio de Fomento e instrumentado por una docena de universidades españolas. La formación, de tres años, incluye contenidos de varias ramas del Derecho (inmobiliario, privado, administrativo, tributario), economía y contabilidad, sociología y planificación urbana, construcción y normas tecnológicas de edificación, gestión medioambiental, técnicas de reuniones y dirección de grupos, entre otros. Este corpus de conocimientos habla por sí solo de los desafíos a que se enfrenta un administrador en la actualidad. Según información suministrada por la Universidad de Alcalá de Henares, una parte significativa de los inscritos en la carrera son profesionales inmobiliarios en ejercicio.

Otro requerimiento legal para ejercer es estar colegiado.

Lejos quedó la época en que el trabajo del administrador se limitaba a pagar la cuenta de luz, cambiar las bombillas y contratar a alguien para que limpiase la entrada y los pasillos. Por definición, el administrador de fincas se ocupa, en la actualidad, de gestionar el patrimonio común de la comunidad y atender a su conservación y rentabilización. Ese patrimonio puede incluir infraestructura -ascensores, garajes, jardines, trasteros...- y servicios varios -portería, conserjería, seguridad, limpieza, televisión y cable, calefacción y aire acondicionado centralizados...-, cuya administración requiere conocimientos legales, técnicos, contables, financieros, arquitectónicos, urbanísticos y, lo que no es menos importante, tiempo para ocuparse de ellos.

Esta multiplicidad de tareas es evidente en fincas grandes y con muchos servicios. Pero son numerosos también los edificios con menos de diez propietarios y servicios básicos (electricidad, limpieza...), cuya administración podría ser gestionada sin mucha dificultad por parte del presidente o el secretario, lo que ahorraría a los vecinos el costo que supone contratar a un profesional.

La del administrador de fincas es una profesión libre, por lo tanto sujeta a la ley de oferta y demanda: no cuesta lo mismo en ciudades como Madrid o Barcelona que en centros urbanos más pequeños. En una misma ciudad también varía según la zona en que se encuentre la finca. Los honorarios se calculan en función del número de horas mensuales de dedicación, lo que depende directamente de la cantidad de componentes (viviendas, locales, garajes) y servicios.

El Colegio de Administradores de Madrid, por ejemplo, establece una tarifa orientativa de 38 euros la hora, y ofrece un sistema para calcular las horas de trabajo según los criterios antes mencionados. Por ejemplo, un edificio con 25 propiedades, portería, ascensor y garaje mediano supone unos honorarios de administración de 476 euros por mes, unos 19 euros por propietario (la junta de la comunidad puede acordar una cuota acorde con el uso de los servicios, como que los que vivan en la planta baja o no tengan coche paguen menos).

De todos modos, cada administrador decide cuánto cobrar; hay ejemplos de profesionales que cobran 6 euros por propietario, o incluso menos. Pero conviene tener en cuenta que si la cifra está fijada en 2 euros por vivienda hay que sospechar de la calidad del administrador contratado.

Según la Ley de Propiedad Horizontal, las funciones del administrador (junto con las de presidente y secretario) se renuevan en cada junta anual de propietarios. La junta también puede convocarse en forma extraordinaria para revocar al administrador en cualquier momento si hay una "causa justa". Por su parte, el administrador, si considera que ésta no existe, puede entablar una demanda por daños y perjuicios (porque hay un contrato de por medio) y pedir una indemnización.

Según la Ley de Propiedad Horizontal, no es obligatorio contratar los servicios de un Administrador de Fincas. Las funciones de secretario y administrador serán ejercitadas por el presidente de la comunidad, salvo que los estatutos o la Junta de propietarios disponga de dichos cargos separadamente por mayoría simple.

Por tanto, el cargo de administrador puede ser ejercido por el mismo presidente o por cualquier otro propietario. Sin embargo, si la comunidad lo desea y así lo decide por mayoría, puede nombrar administrador a una persona física no propietaria, siempre que tenga una cualificación profesional suficiente y legalmente reconocida. También se puede nombrar a una persona jurídica.

Respecto a la segunda cuestión, las obligaciones de un administrador para con la comunidad, desde el punto de vista de sus funciones, son: velar por el buen régimen de la casa, sus instalaciones y servicios, preparar con la debida antelación y someter a la Junta el plan de gastos previsibles y atender a la conservación de la casa, disponiendo las reparaciones y medidas que resulten urgentes. Además. el administrador ejecutará los acuerdos adoptados en materia de obras, efectuará los pagos y realizará los cobros procedentes. Y, en su caso, como secretario de la Junta custodiará, y pondrá a disposición de los titulares, la documentación de la comunidad. Por último, gozará de todas las demás atribuciones que le confiera la Junta de propietarios.

El administrador de una comunidad solicita una subvención de obras fuera de plazo y la paga de su bolsillo

Una comunidad de propietarios aprobó en Junta arreglar la fachada, solicitar la licencia de obras al Ayuntamiento y una subvención pública. Pero el administrador de fincas contratado por la comunidad no lo hizo en el momento oportuno y se pasó el plazo para pedir la subvención. Por esta razón los vecinos presentaron una demanda contra él, y la Audiencia de Madrid, en sentencia de 26 de febrero de 2007, le condenó a pagar a la comunidad 12.000 euros, un importe similar a la subvención que hubieran recibido de haber sido solicitada. El administrador alegó que sólo se encargaba del cobro de recibos y de llevar a cabo labores administrativas y contables. Sin embargo, la Audiencia demostró que no era así porque el contenido del Libro de Actas revelaba la existencia de un contrato por el que cobraba una mensualidad por la realización de todas las funciones propias de un Administrador de Fincas.

El cobro de la renta, las obras de reparación y mejora y, en general, todo lo que supone la gestión de una finca requiere demasiada dedicación para los propietarios de una vivienda. Además, dos de los grupos más numerosos en las comunidades de vecinos, las parejas jóvenes y las personas mayores, carecen de experiencia en estas cuestiones o se encuentran a menudo limitados para estas labores, por lo cada vez más se recurre a un profesional, un administrador de fincas, para que se haga cargo de dichas tareas, aunque la ley vigente no obliga a ello. En comunidades grandes los vecinos optan por contratar a empresas especializadas del sector, mientras que las más pequeñas escogen a profesionales que trabajan por cuenta propia. Estas son las obligaciones del administrador de una finca o comunidad de propietarios

La primera vez que se reconoció de forma oficial la figura del administrador de fincas fue a través de un decreto estatal en 1968 que dio paso a la creación del Colegio Nacional de Administradores de Fincas. Posteriormente se fueron creando a lo largo y ancho del país colegios autonómicos en los que hoy se agrupan los profesionales de este sector.

La modificación de la Ley de Propiedad Horizontal, en marzo de 1999, vino a poner orden en este ámbito y a establecer claramente el papel de estos gestores, personas o sociedades jurídicas (pero siempre conformadas por administradores titulados) que tienen la misión de asumir las tareas más complejas que depara la gestión de una comunidad de propietarios.

Poseen obligaciones legales y contractuales en función de los servicios de los que se beneficie la finca. Como elementos de "copropiedad" se citan, entre otros, las fachadas, los pilares, las vigas, el portal, las escaleras, los ascensores, las canalizaciones, las conducciones de agua caliente, sanitaria, calefacción, aire acondicionado, ventilación o evacuación de humos. También se establecen como elementos comunes las instalaciones de portero electrónico y otras de seguridad del edificio, así como las antenas colectivas.

El crecimiento de las ciudades, motivado por la creación de nuevos barrios o desarrollos urbanísticos, especialmente en las urbes más grandes de la geografía española, ha motivado que prolifere la figura del administrador de fincas, que es, a la postre, la persona encargada de velar por el buen funcionamiento del edificio. Son sobre todo las familias jóvenes las que deciden poner su comunidad en manos de un gestor. Lo habitual es que una vez que se cree la Junta Rectora se decida también si se contrata un administrador o no. En caso de que se prescinda de los servicios de éste, el cargo recaerá en el presidente de la comunidad. Sin embargo, tantas responsabilidades resultan, a veces, incompatibles con el quehacer cotidiano. Por eso es raro encontrar ya a un presidente que se dedique también a gestionar el edificio o conjunto residencial.

Obligaciones del administrador

Velar por el buen régimen de la casa, de sus instalaciones y servicios. En otras palabras, esto significa que el administrador, según explica un profesional del sector, debe procurar el funcionamiento de todos los servicios de que disponga la finca. Por ejemplo: tiene que cerciorarse de que el ascensor, en caso de que lo haya, cumpla todas las normas básicas de seguridad y cumpla las inspecciones que sean necesarias. También debe ocuparse, por citar otro ejemplo, de que exista "un buen clima entre los vecinos", según cuenta un administrador consultado por Consumer.

Preparar y someter a la junta el plan de gastos previsible, proponiendo los medios para conseguirlo: Una comunidad de vecinos, como cualquier otra entidad, tiene una serie de compromisos contractuales como el pago del agua, la luz de las escaleras, la limpieza de las áreas comunes, etc. El administrador debe diseñar el plan para los gastos que se derivarán de la gestión de la finca. Es decir, cuestiones como el mantenimiento del telefonillo, de la antena de televisión, la lectura de los contadores de agua, el pago de la nómina del conserje, si existe; el mantenimiento de la calefacción y de la caldera, entre otros. "En algunas urbanizaciones grandes hay jardines, piscina y club social. También puede haber canchas de tenis y de paddel o de squash, que necesitarán mantenimiento. Si se trata de una piscina para más de 30 vecinos, deberá contratarse un socorrista", comenta el portavoz de una empresa especializada en este ámbito.

Atender a la conservación y mantenimiento de la casa disponiendo las reparaciones necesarias dando cuenta de ellas al presidente y a los propietarios: El administrador cuidará de hacer el seguimiento de las obras que requiera el edificio y de contratar a las empresas que se dediquen a ello. También estará al tanto de las subvenciones que otorgan los ayuntamientos para la rehabilitación de edificios y estará en condición de elaborar estados de cuenta para explicar a los propietarios la inversión prevista en caso de que sean necesarias reparaciones en la finca.

Ejecutar los acuerdos adoptados en materia de obras, efectuar los pagos y realizar los cobros.

Actuar como secretario de la junta y custodiar a disposición de los titulares la documentación de la comunidad.

Todas las atribuciones que le confiera la Junta.

En términos más prácticos, según explica Jesús Flores, portavoz en materia jurídica del Colegio de Administradores de Fincas de Madrid, un profesional de esta rama debe asumir las evaluaciones de riesgo del edificio: la Inspección

Técnica de Viviendas o ITV; efectuar el cobro de la renta cuando algunos propietarios tengan alquilado uno o más pisos de su propiedad en el mismo edificio; guardar y gestionar documentación de la comunidad; contratar a los conserjes y porteros y suscribir seguros para cubrir siniestros de daños por agua, así como encargarse del mantenimiento de extintores y de la instalación de protección contra incendios, entre otros.

La Ley exige que quien se dedique a la administración de fincas sea una persona física con reconocimiento legal y cualificación, que debe, además, estar colegiada. En los últimos años ha sido creciente la contratación de empresas gestoras, conformadas por administradores, que se encargan del proceso relativo a la gestión de una comunidad de vecinos. El pago de los servicios de un administrador de fincas depende de dos variables: el número de vecinos y los servicios contratados en la finca. En promedio, las cuotas oscilan entre 12 euros en las comunidades de vecinos de barrios normales, entendiendo por normal los ubicados en una zona sin servicios de lujo pero bien situado, y los 900 euros en comunidades de propietarios que poseen vigilante 24 horas al día, garajes, piscinas, jardines y campos de golf, un gran complejo de vecinos que cuente con servicios básicos se pueden pagar desde 5 euros. Si nos encontramos en otra finca que igualmente posee servicios básicos (agua, luz de las escaleras y ascensor), pero con pocos propietarios, el precio podrá subir hasta los 7 euros, aunque estas son sólo cifras orientativas. Los precios del mercado son los que parten entre 12 y 900 euros.

Si bien la Ley de Propiedad Horizontal no obliga a los propietarios a contratar los servicios de un administrador, es cada vez más frecuente encontrar edificios que, por muy pequeños que sean, son gestionados por un administrador. Eso sí, bajo ningún concepto el administrador debe suplantar al presidente sino, al contrario, convertirse en un asesor en la toma de decisiones importantes para la comunidad.

El principal problema del sector de los administradores de fincas, según denuncian varios colegios, es la proliferación de personas que sin tener cualificación suficiente desempeñan este papel.

"En la medida en que la calidad del servicio es baja, hay un perjuicio para el consumidor". En casos en los que el gestor no está colegiado, sólo queda la vía judicial para cualquier reclamación. Si, por ejemplo, una comunidad de vecinos contrata a un no colegiado que después le sustrae dinero o que se niega a entregar la documentación de la finca, el colegio difícilmente puede mediar o hallar solución para los vecinos. Sólo queda, entonces, reclamar en los tribunales con todos los inconvenientes que ello acarrea.

Una de las principales recomendaciones a la hora de contratar a un administrador de fincas es cerciorarse de que éste cumple los requisitos que exige la ley y que, sobre todo, está colegiado. Así, cuando surgen divergencias entre los propietarios y el gestor, como por ejemplo que los vecinos consideren que no desempeña bien su trabajo, éstos pueden reclamar en el colegio y conseguir una solución en un plazo no máximo de quince días. Los colegios tienen, además, un seguro de hasta 150.000 euros para cubrir las responsabilidades de los administradores.

Si el Impuesto sobre Bienes Inmuebles no se paga en el plazo establecido, se añaden recargos, sanciones e intereses a la deuda y, en última instancia, se procede al embargo. Los propietarios de bienes inmuebles, como viviendas, locales, garajes o terrenos, están obligados al pago anual del Impuesto sobre Bienes Inmuebles (IBI) de su municipio. Este tributo constituye una de las principales fuentes de ingresos de los ayuntamientos y varía de una localidad a otra. Las corporaciones locales, encargadas de su gestión y cobro en coordinación con las diputaciones provinciales, han elevado el IBI de forma constante en los últimos años. Dada la precaria situación actual de buena parte de las economías domésticas, son numerosas las familias que se ven abocadas a aplazar o incluso descartar el abono de este tributo.

El Impuesto sobre Bienes Inmuebles (IBI) es un tributo directo, real, objetivo y periódico de carácter local que grava la propiedad, la titularidad de derechos reales de usufructo, de superficie o de una concesión administrativa, sobre los bienes situados en cada término municipal. Es, por tanto, un tributo que han de pagar de forma anual los propietarios de un inmueble, como una casa, un piso, un terreno, un garaje, etc, al ayuntamiento de la localidad donde se encuentren emplazados.

Este tributo grava el valor de la titularidad y otros derechos que recaigan sobre cualquier bien inmueble, pero de manera diferente en función de su naturaleza, ya sea urbano, rústico o con características especiales.

Para la clasificación se recurre al catastro, además de servir como fuente de origen de las titularidades de los bienes inmuebles o los derechos reales establecidos.

El IBI está regulado por la Ley de Haciendas Locales y el texto refundido de la Ley del Catastro Inmobiliario. Su gestión se comparte entre la Administración del Estado y los ayuntamientos. La Ley de Haciendas Locales contempla las posibles modulaciones en los impuestos, permite establecer exenciones adicionales en determinados casos y aplicar distintos coeficientes de los tipos de gravamen aplicables en cada supuesto.

El Impuesto sobre Bienes Inmuebles (IBI) es un tributo directo, real, objetivo y periódico de carácter local que grava la propiedad, la titularidad de derechos reales de usufructo, de superficie o de una concesión administrativa, sobre los bienes situados en cada término municipal. Es, por tanto, un tributo que han de pagar de forma anual los propietarios de un inmueble, como una casa, un piso, un terreno, un garaje, etc, al ayuntamiento de la localidad donde se encuentren emplazados.

Este tributo grava el valor de la titularidad y otros derechos que recaigan sobre cualquier bien inmueble, pero de manera diferente en función de su naturaleza, ya sea urbano, rústico o con características especiales. Para la clasificación se recurre al catastro, además de servir como fuente de origen de las titularidades de los bienes inmuebles o los derechos reales establecidos.

El IBI está regulado por la Ley de Haciendas Locales y el texto refundido de la Ley del Catastro Inmobiliario. Su gestión se comparte entre la Administración del Estado y los ayuntamientos. La Ley de Haciendas Locales contempla las posibles modulaciones en los impuestos, permite establecer exenciones adicionales en determinados casos y aplicar distintos coeficientes de los tipos de gravamen aplicables en cada supuesto.

Ser amable, flexible y respetuoso y tratar de dialogar y negociar con las personas más conflictivas son actitudes que permiten evitar numerosos problemas vecinales. Gritos, ruidos a deshoras, pasillos y ascensores sucios, impagos de la cuota de la comunidad de propietarios… En un vecindario hay cientos de molestias que, de no evitarse o solucionar a tiempo, se convierten en un problema enquistado y de muy difícil remedio. Para evitar conflictos, lo mejor es prevenirlos y ser respetuoso, sin olvidarse de conocer los derechos y las obligaciones.

La convivencia con los vecinos es un foco de problemas que no siempre se pueden esquivar, aunque conviene intentarlo o, al menos, procurar retrasarlos lo más posible y encontrar posibles soluciones ante, por ejemplo, ruidos o impagos. Estas son precisamente las situaciones que más molestan de los vecinos, sobre todo a las mujeres (en especial a las que tienen entre 56 y 65 años), según un estudio sobre causas y consecuencias de conflictos vecinales en España hecho por CPP Protección Legal, una empresa de asesoramiento.

Las seis estrategias que se proponen a continuación pretenden ayudar a evitar o minimizar este tipo de conflictos con los vecinos.

1. Prevenir los conflictos

Los problemas entre vecinos no siempre se pueden prevenir, pero hay que intentarlo y tener una actitud respetuosa. Prevenir un conflicto siempre será mejor que tener que gastar tiempo, fuerzas y dinero en solucionarlo. Cada vecino debe poner algo de su parte y es responsabilidad de cada uno pensar en el bien común y no alterar el orden establecido en la comunidad.

2. Ser amables, pero sabiendo mantener las distancias

Hay que ser educados y amables con los vecinos siempre que surja la ocasión (saludar al cruzarse con ellos, abrirles la puerta o ayudarles si van muy cargados, etc.) y estar dispuestos a echarles una mano en caso de que tengan un problema. Pero no conviene ser obsequioso ni confundir vecindad con amistad, ya que se pueden crear malentendidos. Lo más oportuno es, siempre, ser amigables pero marcando cierta distancia.

3. Ante los morosos, flexibilidad pero con la ley en la mano

Un problema recurrente (más durante estos años de crisis) es el impago de las cuotas de la comunidad por parte de algún propietario. Conviene dialogar para intentar solucionar el problema con el vecino moroso y negociar una manera de pago alternativa durante el tiempo que necesite.

4. ¡Obras! Solicitar permiso para hacerlas e informar a los vecinos

Las obras son, casi de manera inevitable, una fuente de conflictos en un vecindario. Quienes las hagan deben informar al presidente y a los vecinos que se verán más afectados por ella, además de no olvidarse de colocar una fotocopia del permiso en la puerta de casa. Se debe indicar, también, el horario en el que trabajan los operarios y la fecha de término de la obra. Es el mejor modo de hacer las cosas bien y de mostrar respeto por los vecinos.

5. ¿Ruidos? Ante todo, mucha calma... y diálogo

Si la fiesta de un vecino no deja dormir y ha pasado una hora prudencial, será el momento de acercarse a su casa para hablar con él; pero siempre, con una sonrisa y midiendo muy bien las palabras. Un tono agresivo puede ser el detonante de una discusión, mientras que si se da a entender al vecino que su ruido está molestando a toda la comunidad, es probable que atienda a razones y deje de armar jaleo.

Si es al contrario, y la fiesta la damos nosotros (o se hará una actividad más ruidosa de lo normal), se debe avisar en persona a cada uno de los vecinos a los que pueda molestar y darles una hora aproximada del término de la reunión. De este modo, verán que la intención es molestar lo menos posible.

6. Tener normas de uso claras de las zonas comunes y respetarlas

Garaje, ascensor, local social, piscina... Cada uno de estos espacios comunes pueden ser utilizados por todos los vecinos, por lo que muchas veces son una gran fuente de problemas. Para que la convivencia sea armoniosa, deben estar meridianamente claras las normas de uso de zonas comunes como la piscina (invitar o no amigos de fuera de la comunidad, etc.), el cuidado del jardín (si se permite usar pelotas o bicicletas a los niños), etc.

Tener previstas de antemano las situaciones y unas respuestas concretas hará más difícil que surjan problemas de envergadura.

Actuar de manera conjunta con el resto de vecinos

Si un vecino molesta y, a pesar de haber tratado el problema con él de buenas maneras, no cambia de actitud, nunca hay que tomar decisiones ni actuar sin conocimiento de toda la comunidad. En ese caso, hay que convocar una reunión de la comunidad, haciéndoles saber a los vecinos nuestras quejas y dejar todo reflejado en el libro de actas. Si el vecino no acude a la reunión, o no varía su actitud, se debe celebrar otra reunión recogiendo de nuevo en el libro de actas todos los problemas y detalles. Este escrito lo deberían firmar todos los asistentes. Con el libro de actas, el presidente de la comunidad deberá formular una denuncia en el juzgado.

¿Cómo se llama tu vecino de enfrente? "Ni idea, le he visto un par de veces en un año" ¿Y a quién había que darle el dinero de la derrama? "No sé, creo que al del 4º A". Estos hechos, lejos de ser anecdóticos, resumen muy bien la convivencia actual propia de las comunidades vecinales numerosas, en las que el continuo transitar de los vecinos y los particulares horarios laborales de cada uno impiden que se fomente la comunicación y la confianza entre ellos, más propios de otras épocas. Sin embargo, en las comunidades pequeñas los vecinos pueden llegar a convertirse en una segunda familia, con las ventajas y los inconvenientes que ello conlleva. Quienes piensen mudarse a un inmueble con pocos vecinos deben tener en cuenta una serie de problemas de los que no podrán escapar y a los que, tarde o temprano, deberán enfrentarse, como los derivados de las inspecciones del edificio o la morosidad de algún vecino.

Los denominadores comunes de las pequeñas comunidades vecinales son los siguientes: inmueble antiguo con sus correspondientes deficiencias, vecinos jubilados que se conocen de toda la vida y jóvenes recién llegados al edificio que no suelen acudir a las juntas de la comunidad. En este contexto, el principal origen de todo conflicto es el dinero.

Los problemas más habituales en los inmuebles con pocos vecinos surgen especialmente en el momento de pasar la Inspección Técnica de Edificios (ITE). Estas revisiones suponen un contratiempo importante para las personas mayores que habitan en un edificio antiguo, dado que muchos viven en régimen de renta reducida y son reacios a invertir en mantenimiento y reformas. Además, al ser pocos vecinos, cada uno debe pagar más para cubrir los gastos, de ahí que lo eviten mientras pueden. Por eso la llegada de la ITE en las pequeñas comunidades supone "echarse a temblar", ya que probablemente exigirá reformas importantes -como la fachada, el tejado o la fontanería- con unos gastos extraordinarios que la mayoría no puede permitirse, tampoco los jóvenes. Así lo asegura Alicia López, administradora de fincas en una empresa con más de 50 años de experiencia, que se encarga tanto de edificios con ocho vecinos, como de grandes urbanizaciones con decenas de viviendas.

En las comunidades con pocos vecinos cada persona tiene que pagar más para cubrir los gastos de las reformas, de ahí que los traten de evitar

En su intento por ahorrar los vecinos pecan de desidia y, a menudo, aplazan reformas necesarias, como por ejemplo daños en la estructura del tejado, que queda sin reparar durante años hasta que finalmente el daño es tal que es necesario cambiarlo por completo. Además, muchos no tienen contratado un administrador de fincas, por lo que es el presidente quien se encarga de llevar las cuentas y las gestiones oportunas, no es una buena opción. "No es fácil llevar una comunidad de propietarios: contadores, calefacción, agua, servicio de limpieza, ajardinamiento, mantenimiento... papeleos y cuentas en general", advierte. Es necesario estar muy bien informado e invertir mucho tiempo en estas gestiones. La Ley de Propiedad Horizontal, que rige las comunidades de propietarios, establece que el presidente es el responsable de todo ello, si bien puede delegar en un administrador pagado por todos, opción que aconsejan los expertos.

Otro de los problemas más frecuentes en los inmuebles con pocos vecinos es la morosidad de alguno de ellos. ¿Qué hacer ante un vecino que no paga lo que debe? No hay plazos estipulados por ley, por lo que el margen que se le conceda depende de cada comunidad de propietarios. En cualquier caso, lo habitual es reclamar primero la deuda por escrito y a partir de tres recibos pendientes, el resto de los vecinos puede tomar acciones legales contra el moroso.

La Ley establece con claridad cómo se deben repartir los gastos en la comunidad: la escritura de cada inmueble establece un coeficiente de participación por propietario según la superficie de su piso, la orientación de éste y su uso (local, vivienda, garaje). Aunque también se da el caso de que una comunidad de vecinos exima a algún propietario de ciertos pagos. Por ejemplo, un local en el bajo con entrada propia no tendría por qué pagar los gastos de ascensor o limpieza si todos los comuneros están de acuerdo. El mayor problema surge cuando llega un propietario nuevo a una comunidad donde los vecinos se conocen de toda la vida, no conocen la Ley, no llevan actas de sus reuniones y han acordado pagar todo a partes iguales, según indica la abogada Patricia Briones. En este caso, el nuevo vecino tiene derecho a impugnar la decisión con el fin de que cada uno pague lo que le corresponde según el coeficiente de participación, las decisiones más polémicas en las comunidades pequeñas de vecinos surgen con el arreglo de elementos comunes, la modificación del exterior del edificio o la instalación del ascensor (en un edificio a partir de cuatro plantas). Por regla general todos los vecinos de un inmueble están obligados a pagar por el ascensor, si la mayoría desea poner uno. Sin embargo, se puede llegar a un acuerdo con los propietarios de los pisos más bajos para que permitan la obra sin obligarles a desembolsar dinero. ¿La solución? Por extraño que parezca hay soluciones para todos los gustos; cada vez se puede ver en más edificios que el uso del ascensor está restringido a los vecinos que pagan. Para ello utilizan el sistema "llavines", unas llaves pequeñas que dan acceso al elevador.

Otro de los principales problemas a los que se enfrentan las comunidades de vecinos pequeñas son las goteras. ¿Quién las tiene que arreglar? Y sobre todo, ¿quién pone el dinero? Un informe técnico deberá determinar el origen de la filtración. Si se trata de una gotera que procede de la azotea, al ser un elemento común del edificio, todos los propietarios deberán pagar su parte proporcional, aunque lo habitual es que lo cubra el seguro del inmueble (toda comunidad de propietarios debe tener al menos un 5% de fondo del presupuesto anual para posibles derramas -gastos imprevistos por averías-). En caso de que el origen de la filtración proceda de un piso concreto y afecte a otro, al vecino de abajo por ejemplo, la responsabilidad es del vecino de arriba, que dará cuenta a su seguro de hogar para que cubra todos los gastos. A pesar de esta serie de problemas, más habituales de lo que a muchos vecinos les gustaría, lo habitual en las comunidades pequeñas de vecinos es que todo se acabe resolviendo por la vía pacífica, o al menos, sin acudir a los tribunales. Al fin y al cabo, son una pequeña familia.

LAS CINCO CLAVES PARA UNA CONVIVENCIA PACÍFICA ENTRE VECINOS

Conocer la Ley de Propiedad Horizontal, reformada en 1999.

Establecer una comunidad de propietarios, obligatoria a partir de cuatro vecinos/viviendas.

Asistir al menos a la junta anual obligatoria y llevar un acta de todas las reuniones.

Si la economía lo permite, contratar a un administrador de fincas como gestor y mediador.

Realizar las reformas y el mantenimiento poco a poco, para evitar un gasto final mayor.

Sabido es que la ley no exige la contratación de un profesional para la gestión de los asuntos comunes de los propietarios de edificios de viviendas o urbanizaciones de casas unifamiliares, pero la figura del administrador de fincas ha ido adquiriendo mayor protagonismo estos los últimos años. Se encarga de llevar las cuentas y de gestionar todo lo relacionado con la comunidad, desde lo más rutinario y habitual hasta dar solución a cualquier problema causado por ascensores, garajes, jardines, trasteros y con los servicios contratados -portería, conserjería, seguridad, limpieza, televisión y cable, calefacción y aire acondicionado centralizados...- por la comunidad hasta relacionarse con gremios o contratar servicios. Y, por supuesto, convocar, organizar y moderar las juntas y reuniones de vecinos.

El administrador es un profesional cuya función no carece de detractores ("cobra todos los meses y tampoco hace gran cosa"; "si el dinero fuera suyo, pondría más interés cuando contrata las obras y servicios") y defensores que elogian su eficacia y, en muchos casos, la paciencia de la que hacen gala y sus a veces infructuosos esfuerzos para conseguir que reine una mínima armonía entre los vecinos.

Lo que más se cuestiona es si merece la pena pagar ese dinero a un profesional cuando esas gestiones las podrían hacer los propios vecinos, turnándose la responsabilidad, tal y como se hace en muchas comunidades. De todos modos, aunque se contrate la gestión a un administrador, el cargo de presidente es imprescindible y cada vecino debe asumir ese papel cuando le corresponde. Cuanto mayor sea el número de viviendas y la complejidad de las instalaciones y servicios con que cuenta la finca, más conveniente será contratar a un administrador. Ahora bien, en época de crisis como ésta, quizá algunas comunidades cuya gestión no entrañe mucha dificultad pueden plantearse evitar el gasto que supone. Eso sí, el trabajo lo tendrán que realizar, de uno u otro modo, los vecinos.

La del administrador de fincas es una profesión libre y sujeta a la ley de oferta y demanda, por lo que hay tarifas diversas y no cuesta lo mismo contratar este servicio en grandes ciudades que en centros urbanos pequeños. Incluso en una misma ciudad varía el nivel de precios según la zona en que se encuentre la finca. Los honorarios se calculan en función del número de horas mensuales de dedicación, algo que a su vez dependerá de la cantidad de elementos con que cuente el edificio: número de viviendas, de locales, de garajes y diversidad y complejidad de servicios contratados. Antes de contratar uno de estos profesionales, los vecinos deben interesarse por las tarifas y prestaciones (conviene preguntar a otras comunidades cercanas) de varios y elegir después.

¿Me puedo negar a ser presidente de mi comunidad?

La normativa es clara al respecto: la aceptación del cargo -que si no se acuerda lo contrario, tiene vigencia de un año- es ineludible, pues se entiende que todos los propietarios son iguales salvo que se aleguen circunstancias especiales. Elegido por votación, mediante el cumplimiento de un esquema de turnos rotatorios pautado con anterioridad o por simple sorteo, lo único que puede delegar el presidente son algunas gestiones internas inherentes a su cargo. Sus funciones de representación, por ejemplo, son indelegables, y no pueden recaer nunca en sus hijos, ni en su cónyuge, ni en un arrendatario.

Las circunstancias más comunes que mueven a presentar la renuncia a la presidencia de la comunidad son la edad muy avanzada o enfermedad grave o que impida la tarea encomendada, y que el propietario no resida en el edificio la mayor parte del año. La junta tiene potestad de eximir al presidente electo, pero si es respondido con una negativa puede recurrir al juez, dentro del mes siguiente a su acceso al cargo, para que le libere de la obligación de ejercer como presidente, y exponer sus razones.

¿Cuántos votos son necesarios para la toma de decisiones?

Unanimidad: se precisa que todos los propietarios, sin excepción alguna, den su voto favorable. Es necesaria para aprobar o modificar las reglas de la propiedad horizontal o los estatutos de la comunidad, y para ciertas obras que afecten a la fachada y otros elementos comunes del edificio.

3/5 partes del total de los propietarios que, a su vez, representen las tres quintas partes de las cuotas de participación. Necesario para contratar o rescindir los servicios del ascensor, portería, conserjería, vigilancia u otros servicios comunes de interés general.

Mayoría que, a su vez, represente la mayoría de las cuotas de participación: indispensable para determinadas obras (excepto las que requieran unanimidad al modificar la estructura o configuración del edificio) o para establecer nuevos servicios comunes que faciliten el acceso o movilidad de personas con discapacidad, incluso cuando impliquen la modificación del título constitutivo o de los estatutos. Reparaciones extraordinarias, pero también las mejoras comunes no necesarias.

Un tercio que, a su vez, representen un tercio de las cuotas de participación: se requiere para instalar elementos comunes para el acceso a servicios de telecomunicación o adaptar los que ya hay, así como para colocar sistemas de energía solar o servicios para acceder a nuevos suministros energéticos colectivos.

Tema 5. El cobro a morosos, un negocio en auge

Cuando no se disponen de albaranes de entrega de la mercancía o de facturas firmadas previamente por el cliente, el acreedor que quiera cobrar una deuda deberá rellenar esa falta de prueba por otros medios.

Estos medios pueden ser bien cartas firmadas por el deudor en los que se reconozca la existencia de la mercancía u otro tipo de documentos en el que se nos envíe instrucciones sobre la mercadería o cualquier otra documentación referente a la relación mercantil.

El acreedor podrá demostrar el pedido por medio de cualquier escrito que lo demuestre, bien sea un fax o u correo electrónico que acredite una respuesta por parte del cliente deudor aceptando unas condiciones comerciales o dando instrucciones al proveedor.

Por tanto, podemos decir que la correspondencia que acredite las relaciones mercantiles entre proveedor y deudor receptor de la mercancía, es un medio de prueba admisible en derecho para poder demostrar la relación comercial y la existencia del crédito.

Cualquier misiva del proveedor donde nos señale condiciones sobre el precio, especificaciones de la mercancía o como se efectuará el pago con su plazo y condiciones y que sea contestada por el cliente, es prueba suficiente para poder reclamar un impagado en los Tribunales.

En la práctica mercantil no son infrecuentes las situaciones en las que un proveedor cuando se le presenta un contrato formal, se opone a su firma, ya que no quiere admitir este tipo de vinculaciones.

Por el contrario sí que pueden estar dispuestos a firmar documentos que tengan una apariencia más inofensiva y menos comprometedora y que no contenga la terminología legal de los clásicos contratos mercantiles.

Como quiera que el cierre de la venta en muchos casos puede ponerse en peligro ante la firma de un contrato muy solemne, el proveedor puede utilizar otras fórmulas más atemperadas como pueden ser los acuerdos sobre condiciones de venta, que contendrán un lenguaje más próximo y sencillo y un formato más simple que los típicos contratos mercantiles.

Este tipo de acuerdos deberán señalar cual serán las condiciones que deberán cumplir las partes y aunque no aparezca literalmente la palabra contrato, servirán igualmente en caso de disputa con el deudor y para demostrar igualmente que hubo acuerdo de voluntades.

Una factura, factura de compra o factura comercial, es un documento mercantil que refleja toda la información de una operación de compraventa. La información fundamental que aparece en una factura debe reflejar la entrega de un producto o la provisión de un servicio, junto a la fecha de devengo, además de indicar la cantidad a pagar en relación a existencias, bienes de una empresa para su venta en eso ordinario de la explotación, o bien para su transformación o incorporación al proceso productivo, además de indicar el tipo de Impuesto sobre el Valor Añadido (IVA) que se debe aplicar.

Las facturas tienen tres copias y llevan el membrete de la empresa que vende, y legalmente según el SII son de color amarillo, celeste y rosado. Además, en la factura deben aparecer los datos del expedidor y del destinatario, el detalle de los productos y servicios suministrados, los precios unitarios, los precios totales, los descuentos y los impuestos.

La factura se considera como el justificante fiscal de la entrega de un producto o de la provisión de un servicio, que afecta al obligado tributario emisor (el vendedor) y al obligado tributario receptor (el comprador). La factura es el único justificante fiscal, que da al receptor el derecho de deducción del impuesto (IVA). Esto no se aplica en los documentos sustitutivos de factura, recibos o tickets.

En algunos países, la factura no tiene valor jurídico en un juicio a la hora de exigir el pago de una deuda. En la reclamación de cantidad del juicio monitorio la factura es el documento utilizado preferentemente como prueba de la deuda, aunque también se emplean otros como el albarán.

En Europa, la normativa de facturación se regula por la VI Directiva 77/388/CEE del Consejo que define además impuestos como el IVA (impuesto sobre el valor añadido).

Sin perjuicio de lo señalado, la DRAE entiende el término "factura" con la sola referencia al precio. Es decir, agregar el concepto de impuestos a la definición de factura no es un elemento que de suyo haga parte del término "factura".

La identificación tributaria en la Unión Europea regula y normaliza la forma de codificar a las empresas para facilitar el control tributario.

Las facturas pueden ser de varios tipos, aunque los más frecuentes son los siguientes:

Ordinaria

Las facturas ordinarias documentan la entrega de productos o la provisión de servicios, junto con los impuestos aplicables y los precios, contienen todos los datos que requiere la normativa.

Simplificada

Las facturas simplificadas documentan la entrega de productos o provisión de servicios y contienen un número reducido de datos, prescindiendo de los que identifican al comprador (tickets o recibos), aunque si el comprador desea ejercer el derecho a la deducción de IVA, sí que pueden incorporarlo. Sólo se permiten en determinados casos y para importes reducidos.

Los elementos indispensables para que se pueda considerar que una factura se adhiere al modelo de factura simplificada son los siguientes.:[1]

Datos del expedidor

Bienes entregados

Contraprestación total

Rectificativa

Las facturas rectificativas documentan correcciones de una o más facturas anteriores, o bien devoluciones de productos, envases y embalajes o comisiones por volumen. También se conoce como factura de abono, sirven para subsanar un error en la factura ordinaria.

Recapitulativa

Las facturas recapitulativas documentan agrupaciones de facturas o albaranes de entrega de un período. Para que esta factura tenga validez fiscal se han de anular las anteriores.

Proforma

La factura proforma no tiene validez legal, se trata de un documento que se utiliza como borrador previo a la factura. Se convierte en un documento acreditativo del acuerdo entre el comprador y el vendedor, se trata de un documento de compromiso o justificante. El contenido de mínimo de la factura proforma es:

Encabezado

Fecha de expedición

Datos del cliente

Periodo de validez

Variantes de una factura

Además existen las siguientes variantes:

Copia: Documenta la operación para el emisor, con los mismos datos que el original (que permanecerá en poder del receptor o destinatario). Debe llevar la indicación de "copia" para distinguirla del original.

Duplicado: Documenta la operación para el receptor, en caso de pérdida del original. La expide el mismo emisor que expidió el original y tiene los mismos datos que el original. Debe llevar la indicación de "duplicado" para permitir distinguirla del original, en caso de que aparezca el original.

Factura electrónica: es una versión electrónica de la factura, usualmente en formato XML, la cual tiene validez legal y no es necesaria la versión física del documento.

Factura pro-forma o forma libre: Documenta una oferta comercial, con indicación de la forma exacta que tendrá la factura tras el suministro. No tiene valor contable ni como justificante; se utiliza fundamentalmente en comercio internacional para obtener las licencias de importación, para la apertura de créditos documentarios o para el envío de muestras comerciales porque no obliga a cumplir las obligaciones legales de un proyecto de ley que daría lugar a una verdadera. Suele incluir la fecha máxima de validez.

Factura electrónica normalizada

Dada la libertad normativa para que la factura pueda tener cualquier aspecto, se crea un problema cuando el obligado tributario receptor utiliza medios informáticos para digitalizar la factura, obteniendo la información de sus campos con sistemas OCR, dado que no siempre es fácil determinar la información de relevancia contable y fiscal. Para facilitar este proceso, el grupo de trabajo

UNeDocs de las Naciones Unidas y en España el Grupo de Trabajo de Factura de ASIMELEC (que sigue las recomendaciones de las Naciones Unidas) propone que los emisores utilicen diversos modelos de factura en función de la complejidad que requiera la factura. La facturación electrónica gana terreno en el sector administrativo y contable. La sustitución del papel por documentos informáticos agiliza las gestiones de cobro y abarata sus costes de modo considerable. En un futuro no muy lejano, el uso de la factura electrónica será obligatorio para expedir recibos a numerosas administraciones públicas. Este proceso conllevará un importante ahorro.

Algunos clientes dudan acerca de los beneficios que pueden obtener con este cambio, así como sobre su funcionamiento y garantías, por lo que antes de aceptar este sistema, hay que conocer varios aspectos:

Las facturas electrónicas equivalen a las tradicionales. Son documentos tributarios y, como tales, tienen el mismo valor legal. El objetivo es que, en unos años, acaben por reemplazarlas.

La principal diferencia, la más notoria, es el cambio de soporte, ya que deja de utilizarse el papel. En su lugar, la empresa que emite la factura genera un documento informático, un fichero de datos, que pone a disposición del cliente vía e-mail o vía web.

La segunda gran diferencia es el método de envío. En vez de recibir un sobre en el buzón, el usuario recibe un correo electrónico con su factura o puede descargarla en su ordenador desde el portal de la empresa en Internet.

Para considerarse una factura digital (también conocida como e-factura), debe cumplir tres condiciones:

1. Ser un documento informático.

2. Enviarse de manera telemática (de un ordenador a otro).

3. El método de envío y el tipo de archivo deben garantizar la integridad y la autenticidad del documento.

Con el auge de este sistema, las empresas de desarrollo de software se han lanzado a la investigación, creación y oferta de propuestas. Hoy conviven varios programas para generar facturas digitales, aunque al receptor final, al cliente, le llega el documento en un formato conocido. Lo habitual es que las e-facturas se reciban como archivos PDF, Excel, Word o, incluso, como imágenes con extensión jpg. El objetivo es que cualquier usuario pueda abrirlas y leerlas con facilidad, más allá de la complejidad del programa que las haya generado.

Este aspecto tan doméstico -y, en apariencia, vulnerable- de las facturas electrónicas lleva a dudar muchas veces sobre los mecanismos de control, la autenticidad de los documentos y la posibilidad de adulterarlos de algún modo sencillo. Cualquier persona que maneje planillas de cálculo, procesadores de texto o programas de edición de imagen podría abrir la factura en cuestión y cambiar el importe que figura en ella, los datos de consumo o la fecha. En otras palabras, podría falsificarla. Sin embargo, en principio, es imposible gracias a la firma electrónica.

Para garantizar la autenticidad y la validez de una factura digital, ésta se rubrica con una firma digital registrada

Para garantizar la autenticidad y la validez de una e-factura, ésta se rubrica con una firma digital registrada con anterioridad. Esta huella avala la integridad del documento y, si el recibo se modifica, queda invalidado. Los programas de gestión de contabilidad on line detectan que no hay concordancia entre el fichero original y el adulterado, y dan una señal de aviso. Al igual que ocurre con las facturas en papel, también hay copias de seguridad y resguardo en el caso de las electrónicas.

Es importante recordar que las e-facturas deben contener los mismos elementos que las tradicionales:

Número.

Fecha.

Razón social de quien la emite y quien la recibe.

NIF.

Domicilios de ambas partes.

Descripción de las operaciones.

Tipo impositivo.

Cuota tributaria.

Fecha en que se ha prestado el servicio (si es diferente al momento de emisión de la factura).

En el apartado de los beneficios, se hace hincapié en el aspecto económico, sobre todo, en el ahorro de dinero que supone la facturación electrónica para la Administración y las empresas. La importancia de este tema es innegable. La reducción de los costes se explica, en buena medida, por la eliminación de materias primas, como el papel. Este factor, a su vez, implica un avance notable en el terreno de la sostenibilidad medioambiental: cada año se ahorrarían 9.000 millones de hojas y se protegería, por tanto, una superficie boscosa equivalente a 700 campos de fútbol.

Los usuarios acceden a la información en tiempo real y controlan mejor sus cuentas

La economía y la ecología protagonizan el listado de ventajas de cara a los usuarios -emisores, receptores y entidades de control fiscal-, pero no son las únicas. Con la contabilidad informatizada, se mejora la eficiencia de las empresas, se reducen los tiempos de gestión y se agilizan los trámites. Los clientes tienen la posibilidad de acceder a la información en tiempo real y controlar sus cuentas, sin necesidad de estar en casa ni depender del reparto de la correspondencia. Por otra parte, el trabajo de tesorería y control financiero se optimiza, así como el envío de los datos fiscales desde las empresas al Ministerio de Hacienda.

En el marco de la Unión Europea, España es el país puntero en facturación electrónica. No sólo se ha establecido un marco legal para regular el funcionamiento de este mecanismo, sino que se ha creado un software libre y gratuito que está a disposición de todas las empresas. Esto es muy importante para el funcionamiento cotidiano y la gestión, ya que, al haber un sistema estándar, es posible articular las tareas contables privadas con las obligaciones públicas, como las aportaciones fiscales. Al tener los datos informatizados, es posible trabajar con ellos de un modo más simple. Buscar una factura concreta entre miles, elaborar estadísticas anuales o confeccionar listados normalizados para el libro del IVA dejan de ser tareas engorrosas y manuales para convertirse en una prestación más del programa.

Las entidades públicas dan ejemplo y comienzan a integrar esta herramienta de manera progresiva. Algunas pymes se suman a la nueva tendencia, gracias a las subvenciones y a los programas de ayuda y formación que se han puesto en marcha para ello. No obstante, donde más se percibe este avance es en las grandes empresas proveedoras de servicios. Las compañías eléctricas, de gas o de telefonía, así como las cajas de ahorro y los bancos, son los verdaderos pioneros de este mecanismo digital que agiliza las gestiones de cobro y abarata de manera ostensible sus costes.

Desde la perspectiva del consumidor, es en el ámbito de las grandes firmas donde más se percibe este cambio. Por el momento, la mayoría de pequeños comercios y tiendas se mantienen ligados al sistema tradicional. Lo mismo ocurre con las transacciones o las compras puntuales. Sin embargo, cuando se contratan servicios a largo plazo, que implican el pago de una cuota mensual, se ofrece la posibilidad de expedir facturas electrónicas. Para las empresas con una nutrida cartera de clientes, las ventajas son obvias. Sólo en los gastos derivados de los insumos básicos, como la tinta y el papel, el ahorro de dinero es notable. Si se suma la eliminación de los intermediarios -como el personal técnico que se encarga de la impresión o los repartidores de la correspondencia-, la ecuación es inmejorable.

A la entrada en vigor de la Ley Antifraude (Ley 7/2012, de 29 de octubre), con el fin de luchar contra la economía sumergida y el uso de facturas falsas, se une ahora la puesta en marcha de un nuevo reglamento de facturación. Desde el 1 de enero de 2013, se ha establecido un sistema de facturación basado en dos tipos de facturas, la completa u ordinaria y la simplificada, que sustituye a los tiques. Asimismo, se otorga un mismo tratamiento a la factura electrónica y a la emitida en papel. Ante esta serie de novedades, que pretende armonizar los sistemas de facturación en todos los Estados de la UE, se hace necesario detallar las distintas clases de facturas que pueden expedirse en la actualidad.

Así, el Real Decreto 1619/2012, de 30 de noviembre, por el que se aprueba el nuevo Reglamento de Facturación, que entró en vigor el 1 de enero de 2013, pretende trasponer la Directiva Europea 2010/45/UE, de 13 de julio, al ordenamiento jurídico español, con el fin de facilitar las transacciones económicas, armonizar los sistemas de facturación en todos los Estados miembros, reducir las cargas administrativas de los sujetos pasivos y garantizar la equiparación en el tratamiento de las facturas en papel y las electrónicas.

Según la Agencia Tributaria (AEAT), las principales novedades de esta normativa son:

1. Se establece un nuevo sistema de facturación basado en dos tipos de facturas:

    o Simplificada (sustituye a los tiques, que desaparecen): tiene un contenido mínimo obligatorio, más reducido que las facturas completas u ordinarias, pero superior al de los antiguos tiques.

    o Completa u ordinaria.

2. La emisión de la factura se hace, por norma general, en el momento de realizarse la transacción. Sin embargo, si el destinatario actúa como empresario o profesional, tiene que emitirse antes del día 16 del mes siguiente a aquel en que se produjo el devengo del IVA.

3. Se limita la obligación de expedir facturas, en el caso de determinadas prestaciones de servicios financieros y de seguros.

4. Se otorga un mismo tratamiento a la factura emitida en papel y a la electrónica.

Facturas simplificadas

1. Cuándo puede expedirse una factura simplificada

- o Si el importe de la operación no supera los 400 euros (IVA incluido).

- o Cuando se trata de facturas rectificativas.

- o Si son autorizadas por el Departamento de Gestión Tributaria.

- o Cuando el importe de una operación no excede de 3.000 euros (IVA incluido) y tenía autorizada la emisión de tiques, se puede expedir una factura simplificada si se refiere a alguna de las transacciones siguientes:

  - Las ventas al por menor (destinadas al consumidor final).

  - Las ventas o servicios en ambulancia.

  - Las ventas o servicios a domicilio del consumidor.

  - El transporte de personas y sus equipajes, el aparcamiento de vehículos y la utilización de autopistas de peaje.

- Los servicios de hostelería y restauración prestados por restaurantes, bares, salas de baile o discotecas, así como el suministro de comidas y bebidas para consumir en el acto.

- Los servicios telefónicos brindados a través de cabinas o tarjetas electrónicas recargables que no permitan la identificación del portador.

- El uso de instalaciones deportivas, servicios de videoclub, tintorerías y lavanderías.

- Los servicios de peluquerías e institutos de belleza, revelado de fotografías y servicios ofrecidos por estudios fotográficos.

En el resto de los casos, los empresarios o profesionales obligados a expedir una factura deberán emitir la factura completa.

2. Qué incluyen las facturas simplificadas

Una factura simplificada y su copia deben contener:

o La fecha de emisión de la factura.

o El número de factura o serie correlativa.

o La fecha en que se han efectuado las operaciones que se documentan o en la que, en su caso, se haya recibido el pago anticipado, siempre que se trate de una fecha distinta a la de expedición de la factura.

o El nombre completo o razón social y el Número de Identificación Fiscal (NIF o DNI) del emisor de la factura.

o La fecha del pago anticipado o la fecha en que se llevaron a cabo las operaciones, siempre que se trate de una fecha distinta a la de emisión de la factura.

o La descripción de los bienes transferidos o de los servicios prestados.

o El tipo impositivo que se ha aplicado. Si hay más de un tipo de IVA, hay que especificar las bases imponibles de forma separada. Además, cuando una misma factura comprende operaciones sujetas a diferentes tipos impositivos del IVA, tiene que especificarse por separado la parte de base imponible correspondiente a cada una de las operaciones.

o El importe total de la factura.

o En caso de facturas rectificativas, hay que incluir la referencia expresa e inequívoca de la factura rectificada y de las especificaciones que se modifican en la factura.

o Cuando el destinatario de la operación es un empresario o profesional, a efectos de deducción del IVA, el emisor de la factura simplificada deberá hacer constar, además, los siguientes datos:

   ▪ El Número de Identificación Fiscal (NIF o DNI) del destinatario atribuido por la Administración tributaria española o, en su caso, por la de otro Estado miembro de la UE.

- El domicilio, código postal y población del destinatario de la operación.

- La cuota tributaria que, en su caso, se repercuta tiene que consignarse por separado.

Estos datos también deben hacerse constar, cuando el destinatario de la operación no sea un empresario o profesional, y así lo exija, para el ejercicio de cualquier derecho de naturaleza tributaria.

Facturas completas

1. Cuándo hay que expedir una factura completa:

No se puede expedir facturas simplificadas y, por tanto, hay que emitir una factura completa u ordinaria en las siguientes transacciones:

- En las entregas intracomunitarias de bienes (EIB).

- Cuando se producen ventas a distancia.

- En las operaciones localizadas en el Territorio de Aplicación del Impuesto (TAI) en las que el proveedor o prestador del bien o servicio no esté establecido, se invierta el sujeto pasivo y el destinatario expida la factura por cuenta del proveedor o prestador.

- En las operaciones que no se ubican en el Territorio de Aplicación del Impuesto (TAI) si el proveedor o prestador está establecido:

  - Si la operación se realiza fuera de la UE.

  - Cuando la operación se localiza en otro Estado miembro, se invierte el sujeto pasivo y el destinatario no expide la factura por cuenta del proveedor o prestador.

2. Qué deben contener las facturas completas u ordinarias

Las facturas completas han de incluir todos los datos contenidos en las facturas simplificadas y sus copias, además de esta otra información:

o El nombre completo o razón social y el Número de Identificación Fiscal (NIF o DNI) del expedidor de la factura.

o Los nombres completos y los domicilios, tanto del obligado a expedir la factura como del destinatario de las operaciones. Si ambos disponen de varios lugares fijos de negocio, hay que indicar la ubicación de la sede de actividad o establecimiento para determinar el régimen de tributación correspondiente a las operaciones. La consignación del domicilio del destinatario de las operaciones es obligatoria, aun si es una persona física que no actúa como empresario o profesional.

- El NIF del destinatario en:

    - En las entregas intracomunitarias de bienes (EIB).

    - Cuando se invierte del sujeto pasivo.

    - En operaciones realizadas en el Territorio de Aplicación del Impuesto (TAI) y el empresario o profesional obligado a expedir factura se considera establecido en dicho territorio.

- La descripción de las operaciones, con la consignación de los datos necesarios para determinar la base imponible y la introducción del importe unitario sin impuesto y cualquier rebaja o descuento no incluido en el precio unitario. Debe especificarse por separado la parte de la base imponible de cada operación, cuando se documenten: operaciones exentas y otras que no lo estén; transacciones en las que se produce la inversión del sujeto pasivo y otras en las que no se produce; y operaciones sujetas a distintos tipos de IVA.

Las facturas electrónicas

El nuevo Reglamento de Facturación supone un gran avance en la simplificación de la factura electrónica y elimina los impedimentos que obstaculizaban su uso uniforme en las empresas y en los Estados miembros de la UE. Esta factura, que se ajusta a lo establecido en el reglamento, se expide y recibe en formato electrónico y está condicionada a que su destinatario dé su consentimiento.

Su autenticidad se garantiza por los medios utilizados para las facturas convencionales y mediante una firma electrónica avanzada o un intercambio electrónico de datos (EDI) o a través de otros medios que los interesados, con carácter previo a su utilización, hayan comunicado a la Agencia Tributaria (AEAT) y esta los haya validado.

Las facturas rectificativas

Se debe expedir una factura rectificativa en los siguientes supuestos:

Si la factura original no cumple alguno de los requisitos establecidos como obligatorios en la factura completa u ordinaria o en la factura simplificada del Reglamento de facturación.

Cuando las cuotas repercutidas se han determinado de manera incorrecta.

Cuando se produce alguna circunstancia que dé lugar a la modificación de la base imponible.

Las condiciones de una factura están reguladas en primer lugar por la Unión Europea (reglamento 2454/93) y a continuación por la normativa española (Real Decreto 1619/2012, de 30 de noviembre, por el que se aprueba el Reglamento por el que se regulan las obligaciones de facturación).

Las facturas y sus copias deben tener los siguientes datos:

1. Número y serie de la factura: la numeración debe ser correlativa, aunque pueden establecerse series distintas.

2. Lugar y fecha de emisión de la factura.

3. Nombre y apellidos o razón social y número de identificación fiscal (NIF) del proveedor.

4. Nombre y apellidos o razón social y número de identificación fiscal (NIF) del comprador.

5. Descripción de la operación de compraventa: denominación detallada y cantidad de la mercancía.

6. Precio unitario e importe total de la operación o contraprestación; deben constar en la factura los gastos de embalaje, transporte e intereses de pagos aplazados complementarios a la operación principal.

7. Tipo tributario y cuota (o sea, tipo de IVA aplicado).

8. Sello de la entidad vendedora como que ese documento es original y válido, en caso de que el documento sea copia, pondrá COPIA DE FACTURA.

9. En las facturas de operaciones internacionales, debe figurar el incoterm o término de entrega que se aplica.

La normativa actual en España está contenida en el Real Decreto 1619/2012, de 30 de noviembre, por el que se aprueba el Reglamento por el que se regulan las obligaciones de facturación.

Las facturas emitidas en Canarias, Ceuta y Melilla[3] se diferencian del resto de la nación debido a que en estas regiones del país no se aplica el IVA. En el caso de Canarias se incluye el IGIC y en el Ceuta y Melilla el IPSI. Si facturamos a empresas de estas regiones debemos conocer cómo aplicar los impuestos correctamente.

Cada vez son más los profesionales autónomos que deciden mejorar, profesionalizar, rentabilizar y automatizar la gestión de su negocio. El ahorro de trabajo, y de dinero, en este terreno es considerable, si se utiliza alguna de las herramientas que hay en la Red para este fin. Estos programas on line permiten tener un control real de las posibilidades de la propia empresa, en especial en los primeros años. Disponibles para las distintas plataformas y sistemas operativos, existen soluciones desarrolladas, tanto bajo software libre como privativo, que cubren no solo las necesidades habituales, sino que con módulos adicionales se adaptan a cada caso concreto.

Cuéntica. Posee un plan gratuito de base que limita algunas de las funciones pero ofrece otras muchas: facturas y presupuestos ilimitados; base de datos de clientes y proveedores; envío de facturas por correo electrónico; control de cobros y pagos; previsión del IVA, beneficios y retenciones; y exportación de tablas a PDF. Este programa tiene, además, dos planes de pago: el Premiun cuesta 19 euros al mes y el Profesional, 50. Incluyen exportación de tablas a Excel, distintas plantillas gráficas de facturas, todos los modelos oficiales (IVA, IRPF, retenciones...), poder adjuntar documentos a los gastos (tiques, recibos...) y añadir usuarios con distintos permisos de acceso, asesoría on line (contable y fiscal) y declaración de la Renta.

Contamoney. Consiste en un programa de contabilidad gratuito que hace bandera de la seguridad y el anonimato del usuario y sus datos y documentos. Su punto fuerte es trabajar en la "nube", de modo que el usuario pueda acceder a las facturas desde cualquier lugar y dispositivo. No busca ser tanto un gestor on line como una plataforma donde almacenar y elaborar las facturas de una forma práctica y sencilla. Dispone de una aplicación para iPhone.

Endeve. Esta herramienta de software libre y on line automatiza la realización de facturas y la gestión de gastos y cobros desde la "nube", con un nivel de seguridad garantizado. Es una de las aplicaciones más veteranas del sector y ofrece treinta días de prueba; después, tiene diversos planes con diferentes prestaciones por nueve, 19 y 39 euros al mes.

Enneto. El programa cuenta con un periodo de prueba gratuito de gestión de facturas. Después de treinta días, pasa a costar seis euros al mes o 69 euros al año. Se limita a la elaboración de facturas, aunque permite exportarlas a formato de factura electrónica homologada por la Administración.

E.conomic. Pensado para crear, almacenar y enviar facturas por correo electrónico, esta aplicación permite que un gestor acceda a los registros particulares. Tiene diferentes planes de precios que van desde los diez a los 40 euros al mes. Posee, además, una aplicación útil tanto para iPhone como para móviles con Android.

Factura Directa. Es un programa en la "nube" para elaborar facturas de forma rápida y sencilla y desde cualquier lugar. Ofrece soporte a facturas electrónicas y a la firma digital. Dispone de una aplicación para el iPhone. Presenta diferentes planes de pago, aunque la versión gratuita posibilita cuatro facturas al mes.

Factura2.com. Brinda la elaboración y gestión automática de facturas, con descuento de IVA para no llevarse sorpresas a fin de trimestre. Tiene versiones para móviles y tabletas.

Hazte una factura-e. Para la realización de facturas electrónicas, esta aplicación soporta la firma digital y está reconocida por la Agencia Tributaria.

Kubbos. Este software de gestión empresarial on line no solo cubre el apartado de las facturas, sino también balances de gastos e ingresos, así como otras facetas de la actividad empresarial, como deducciones o gravámenes fiscales. También permite gestionar las ventas mediante el control de pedidos, la creación de presupuestos, la planificación de almacén, etc. Sus planes de precios van de los nueve euros al mes a los 39 euros, todos ellos con un periodo de prueba de quince días.

Invoicebubble. El programa únicamente sirve para hacer facturas y con diferentes planes de precios, aunque la versión gratuita tiene amplias prestaciones. En inglés.

El albarán (palabra procedente del árabe hispano albará y éste del árabe clásico barā'ah, "la prueba" o "el justificante") es un documento mercantil que acredita la entrega de un pedido. El receptor de la mercancía debe firmarlo para dar constancia de que la ha recibido correctamente. Dentro de la compraventa, el albarán sirve como prueba documental de la entrega o traditio de los bienes.

Tiene dos objetivos diferentes:

1. Para el comprador: comparar con el pedido, a efectos de controlar si es la mercadería solicitada y, fundamentalmente, para controlar las mercaderías que recibe con la posterior facturación.

2. Para el vendedor: al recibir el duplicado del remito debidamente firmado por el comprador, tiene una constancia de haber entregado la mercadería que el comprador recibió conforme y, con base en el remito, confeccionar la factura.

Se extiende, como mínimo, por duplicado y conteniendo una lista de los objetos o mercaderías suministrados; aunque es práctica generalizada hacerlo por triplicado para que al transportista también le quede una constancia de la operación realizada. En los países en los que este documento tiene efectos contables es posible que también exista una copia para el organismo estatal de control tributario.

No se registra en los libros de contabilidad, dado que generalmente los remitos se emiten sin valores.

A partir del detalle de la guía de remisión se puede generar otros documentos tales como facturas, partes de entrada (notas de ingreso) a almacén.

Otra funcionalidad del albarán es a efectos inventariales pues aquella mercancía suministrada es restada del stock disponible, pudiendo quedar, según la operativa administrativa de cada empresa, como stock comprometido o bien, simplemente, restada del stock total.

Los requisitos del albarán pueden cambiar según las regulaciones de cada país y los efectos de comercio. Algunos de estos requisitos pueden ser:

Lugar y Fecha de emisión.

Nombre y número de orden del comprobante.

Nombre y domicilio del vendedor y del comprador.

Número del documento de identificación fiscal según corresponda; ingresos brutos; Fecha de inicio de actividades y condición frente al I.V.A. del emisor.

Número del documento de identificación fiscal según corresponda y condición frente al I.V.A. del destinatario.

Detalle de las mercaderías solicitadas.

Lugar de entrega.

Medio por el cual se envían las mercaderías (Flete).

Firma de la persona que recibe las mercaderías.

Fecha de emisión del formulario, nombre y número del documento de identificación fiscal según corresponda de la imprenta que confecciona el modelo de formulario, Habilitación Municipal si aplicase por normas y numeración de los documentos impresos.

Formas de emisión

Original: Para el comprador.

Duplicado: Para el vendedor (firmado por el comprador).

Triplicado: Para la empresa de transporte (firmado por el comprador).

Cuádruple: Para el departamento comercial.

Importancia

Al comprador le sirve para controlar las mercaderías recibidas con la nota de pedido.

Al vendedor le sirve para constatar que el comprador recibió conforme.

A la empresa de transporte le sirve para constatar que el transportista entregó las mercaderías.

Un cheque (anglicismo de cheque o check) es un documento contable de valor en el que la persona que es autorizada para extraer dinero de una cuenta (por ejemplo, el titular), extiende a otra persona una autorización para retirar una determinada cantidad de dinero de su cuenta, la cual se expresa en el documento, prescindiendo de la presencia del titular de la cuenta bancaria.

El cheque es un título de valor a la orden o al portador y abstracto en virtud del cual una persona, llamada librador, ordena incondicionalmente a una institución de crédito el pago a la vista de una suma de dinero determinada a favor de una tercera persona llamada beneficiario.

El cheque sólo puede ser expedido cuando se reúnan los requisitos siguientes:

La institución de crédito celebrará un contrato con el librador: Los bancos reciben de sus clientes dinero que se obligan a devolver a la vista, cuando el cliente lo requiera. Para documentar las órdenes de pago de los clientes se utilizan los cheques.

Por el contrato de cheque, en consecuencia, el banco que se obliga a recibir dinero de su cuenta-habiente, a mantener el saldo de la cuenta a disposición de éste, y a pagar los cheques que el cliente libre con cargo al saldo de la cuenta. A la cuenta de cheques se le denomina en la práctica bancaria "cuenta corriente de cheques", porque el cuenta-habiente hace entregas que se le abonan y libra cheques que se le cargan al ser pagados; por lo que la cuenta tiene una secuencia indefinida.

La cuenta de cheques es un presupuesto de la normalidad, no de la esencia del cheque. Puede una persona librar cheques y no tener la cuenta y el tenedor podrá ejercitar las acciones correspondientes contra los obligados, e incluso el librador recibirá una sanción. Y si el banco se negare a pagar un cheque sin causa justa, a no ser que esté indispuesto u obrando, infringiendo sus obligaciones derivadas del contrato de cheque, también deberá pagar al librador una pena por el cheque desatendido.

Los fondos disponibles: La existencia de fondos disponibles es también un presupuesto de la regularidad del cheque; presupuesto cuya existencia no influye sobre la eficacia del título, y cuya ausencia es sancionada también.

Que el librador haya sido autorizado por el librado para expedir cheques a cargo de la cuenta del librador.

El cheque debe pagarse en el momento en que se presente al librado. Como título de crédito que es, el pago del cheque debe hacerse precisamente contra su entrega.

Responsabilidad del librador: El librador es el principal responsable del pago del cheque. Por eso en el cheque la acción cambiaria directa se ejercita contra el librador y sus avalistas (se equipara al librador como el aceptante de la letra de cambio) y la acción de regreso en contra de los endosantes y sus avalistas. El librado (entidad financiera) no tiene responsabilidad en virtud del documento porque nunca formaliza la aceptación, a diferencia de la letra de cambio.

El librador de un cheque que se presenta en tiempo y que no se pague por causa a él imputable, es responsable de los daños y perjuicios que sufra el tenedor.

Responsabilidad del librado: La institución de crédito que autorice a una persona para expedir cheques está obligada a cubrirlos hasta el importe de las sumas que tenga a disposición del librador. Cuando la institución se niegue sin justa causa a pagar un cheque debe resarcir al librador de los daños y perjuicios.

Se dice que un cheque rebotó cuando y como no hubo fondos.

Las características de los cheques son:

Literalidad

Significa que vale única y exclusivamente por lo que se plasme en el cheque de manera específica.

Valor

Otra característica es que tienen valor per se, es decir que tiene valor por sí mismo en el documento como el título valor que es. Esto significa por ejemplo que al cobrarse en un banco, el poseedor, siempre y cuando el cheque cuente con endoso, no tiene que dar explicación al banco de por qué lo está cobrando. Esta característica hace que un cheque sea como un billete, que tiene un valor por sí mismo más el portador a la causa validada en un solo cheque sea como un billete. Además se llena un formulario especial a través del cual el librado le ordena al librador que dono todo o parte de los fondos realizados en la entidad bancaria de manera conjuntiva y ordenada.

A la vista

Los cheques son siempre a la vista, es decir que no tienen fecha de cuándo deben ser pagados. La fecha que se plasma en el cheque sólo cumple la función de dejar constancia de cuándo el emisor tenía la intención de que ese cheque sea cobrado. No obstante el banco está obligado a hacer efectivo un cheque el día en que se presenta al cobro, sin importar que la fecha que aparezca plasmada en éste aún no haya llegado. Hay cheques pos-fechados. Hay que tener muy en cuenta que los cheques prescriben y por ende caducan.

Transcurrida la fecha prevista para el cobro el cheque caducará, el margen de tiempo para que caduque un cheque depende según el país donde se haya emitido el documento financiero. En España los cheques caducan a los 15 días, mientras que si se emiten fuera de este país pueden caducar a los 60 días. Aunque no prescriben hasta los 6 meses.

Los cheques pueden ser de muchas clases, entre pt, nominativo, a la shet o al portador. En el primer caso, solo puede cobrarlo la persona indicada en el cheque (sea esta física o jurídica). En el segundo caso, puede ser cobrado por el beneficiario indicado, sin embargo, este puede entregarlo en pago a otra persona, para lo cual debe escribir su firma en el dorso del cheque -este acto se denomina endoso-. En este caso, cualquier persona puede cobrarlo como si fuera al portador. Y en el último caso, lo puede cobrar cualquier persona que sea portadora del mismo. En algunos países la legislación contempla únicamente cheques nominativos, es decir que son emitidos a nombre o a favor siempre de una persona específica.

La cantidad a pagar se escribe dos veces (una en números y otra en letras) para mayor seguridad, y en los dos casos se rodea con símbolos (por ejemplo #50,00# € en vez de 50,00 €) para que no se puedan añadir cifras adicionales (y cobrar 950,00€, por ejemplo). Para imposibilitar todavía más el cambio de cifras se pueden tapar con celo adhesivo.

Hay cheques que tienen límites de hasta cuanto tiempo se da para ser cobrado; dígase, 180 días.

Cheque cruzado. el dinero deberá ser cobrado a través de una entidad bancaria que intermedie en el proceso, y no se podrá retirar en efectivo salvo que esta entidad bancaria de la cual es cliente el cobrador sea la misma que libra el cheque.

Insertando la cláusula "para abono en cuenta" produce la consecuencia de que no puede ser cobrado en efectivo, sino que deberá ser abonado en la cuenta del portador.

Cheque certificado / conformado. El librado exige al librador que lo certifique haciendo constar que tiene en su poder fondos suficientes para cubrir el cheque. Se realiza con palabras como "acepto" "clavo visto" o "bueno" escritas por el banco que emitió el cheque y firmada por el librador.

La certificación del cheque transmite la propiedad de la provisión a la orden del tenedor y produce el descargo del librador. Desde el momento en que ha sido certificado un cheque, la provisión correspondiente queda bajo la responsabilidad del librado, quien deberá retirarla de la cuenta del librador y mantenerla en una cuenta del pasivo con el título de "Cheques Certificados" u otro título apropiado. El Banco que ha certificado un cheque asume la obligación de pagarlo.

Cheque de caja o Cheque de Gerencia. Es un cheque expedido por una institución de crédito a sus propias dependencias. Representa una garantía y no suele tener fecha de caducidad. En la práctica funciona como dinero líquido, ya que el valor se retira de la cuenta del pagador en la fecha de expedición en lugar de la de cobro y el librador es el director de la oficina bancaria. En España y otros países se le denomina cheque bancario, impropiamente ya que todos los cheques son de algún modo bancarios y suele provocar ambigüedades y errores.

Cheques de viajero. Son los expedidos por instituciones de crédito a su propio cargo y son pagaderos por otro de sus establecimientos dentro del país o en el extranjero. Se suelen llamar "traveller's check", conforme su forma en inglés.

Cheque cancelatorio. Según la ley de Antievasión fiscal de la República Argentina, todos los pagos superiores a $1000 se debían realizar por cualquier otro medio que no sea directamente en efectivo. Ante esta situación, se crea la figura jurídica del cheque cancelatorio para que todas las personas que no posean cuentas corrientes y no dispongan del pacto de cheques para emitirlos, puedan realizar sus pagos por este medio bancario, recurriendo a una entidad financiera o un banco ahí adquiriendo este medio de pago. A diferencia del cheque de pago diferido, este tipo de cheques tiene efecto pro-soluvo (no como los otros que son prosolvente -al momento de presentarlo al cobro-), sino que con el solo hecho de recibir el cheque es suficiente.

Cheque de pago diferido. Es una orden de pago que se libra contra un banco en el cual el librador, a la fecha de presentación estipulada en el cheque, debe tener fondos suficientes depositados a su orden en la cuenta corriente bancaria.

Cuando se ingresa o se cobra un cheque en una entidad distinta de la que emitió pueden cobrar una comisión. Dicha comisión no existe si se cobra en la misma entidad que emitió el cheque.

También era práctica común, aunque actualmente ilegal en algunos países, el cobrar una comisión por gestión cuando un cheque era devuelto porque no tenía fondos. El motivo por el cual algunos países lo consideran ilegal es porque se cobra por un servicio, cobrar un cheque, que no se ha realizado.

En España el cheque está regulado por la Ley 19/1985, de 16 de julio, Cambiaria y del Cheque. En dicha ley se especifica el contenido mínimo del cheque:

Denominación de cheque

Mandato de pagar la suma determinada de euros

El nombre del que debe pagar - Librado

El lugar del pago

La fecha y lugar de emisión del cheque

Firma del que expide el documento - Librador

Contrato mercantil

La importancia de precisar el concepto de acto de comercio, viene determinada por el hecho de que justamente la consideración de tal, resulta ser uno de los presupuestos de aplicabilidad del Derecho Mercantil en las relaciones jurídico privadas; el otro presupuesto fundamental lo constituye un elemento subjetivo, representado por la intervención de sujetos que gocen de la condición de empresario.

El sistema recogido en el Código de comercio español de 1885, vigente en la actualidad, resulta fundamentalmente mixto, por cuanto aunque el artículo 2 establece que serán reputados actos de comercio los comprendidos en el citado Código y cualesquiera otros de naturaleza análoga, ya sean ejecutados o no por quienes tengan la condición de empresario, lo cierto es que de la simple lectura de otros preceptos -tal es el caso del art. 244 relativo a la comisión mercantil- se puede extraer la conclusión de que en no pocas ocasiones el elemento subjetivo resulta clave en la calificación de la mercantilidad de la relación jurídica.

Con frecuencia no resulta una cuestión fácil la de determinar cuándo un contrato es mercantil, y cuándo es civil. Dos son los criterios que pueden usarse para delimitar la cuestión. Desde el punto de vista objetivo, puede decirse que estamos ante un contrato mercantil cuando tenga por objeto un acto de comercio (V. acto de comercio), desde el subjetivo, resultaría ser la condición de empresario de las partes la que llegaría a determinar la mercantilidad contractual. Son los protagonistas de las relaciones jurídico-mercantiles. Regulados básicamente por las normas generales de la contratación civil, cuentan con un amparo normativo generalmente manifestado en disposiciones legales concretas especialmente dedicadas. En ocasiones, asimismo frecuentes, la regulación de los contratos mercantiles se concreta por las partes interesadas y a impulsos de las nuevas formas de negociación que genera el mercado. En todo caso, una buena parte de los contratos mercantiles son contratos de cambio o intercambio de bienes: dar una cosa para recibir otra o un servicio (do ut des, do ut facias); otro tipo genérico de contratos mercantiles son los contratos de colaboración, como los de empresa, comisión, agencia y otros.

El principio básico del derecho contractual, según el cual el contrato se perfecciona por el mero consentimiento y es válido y eficaz con independencia de la forma que revista, es aplicable también a la contratación mercantil como regla general que, sin embargo, tiene las excepciones siguientes en las que es imprescindible una forma determinada para que el contrato se perfeccione. Deberá constar en escritura pública el contrato de sociedad. El contrato de seguro terrestre y de seguro marítimo, el de afianzamiento, el de adquisición de buque, el de préstamo a la gruesa, el de hipoteca naval, y todos los pactos y obligaciones contenidos en un títulovalor (por ejemplo, la letra de cambio), se harán siempre por escrito.

Basta con introducir la palabra "moroso" en cualquier buscador de Internet, para darse cuenta de que existe un verdadero universo de empresas que se dedican a instar a otros a liquidar sus impagos. Un universo que vive su especial boom con la crisis. Hay cobradores que, además de con el clásico frac, se disfrazan de El Zorro, de gaiteros escoceses o incluso de pregoneros, mientras que otro gran número de compañías gestiona el cobro a morosos apoyándose en las últimas reformas legales que se han producido en esta materia. Cuando se decide contar con sus servicios, es recomendable conocer sus métodos de trabajo y sus honorarios antes de contratarlos.

Primero fue la subida del petróleo, después la escalada de los tipos de interés y por último, el descalabro de constructoras y promotoras junto con las turbulencias del sector financiero.

Falta de regulación

Hay muchos tipos de empresas que se dedican al cobro de deudas, pero lo que básicamente las diferencia entre sí es el procedimiento que emplean. Por un lado, se encuentran las que a través de métodos menos ortodoxos consiguen saldar los impagos y, por otro, están las gestoras de cobro que se dedican a la recuperación amistosa de las deudas. La razón por la que ambos tipos conviven reside en que España es el único país de la Unión Europea que no tiene una normativa legal específica para regular a las empresas de recobro y sus procedimientos. En un país tan reglamentista como el nuestro "es inadmisible que esto sea así".

En el resto de países europeos existe una reglamentación muy estricta a la que quedan sujetas las empresas que se dedican al recobro de impagados por la vía extrajudicial. Tanto es así que, por ejemplo, en Francia se deben cumplir unos 14 requisitos para constituir cualquier negocio de esta naturaleza; entre ellos destacan la obligación de contar con un seguro de responsabilidad civil y la de que la empresa esté inscrita en la patronal del sector o en una asociación profesional del ámbito.

El carnaval del moroso

Uno de los métodos poco ortodoxos, y que los cobradores del primer tipo de empresas emplean con asiduidad, es el de "perseguir" al moroso enfundados en un disfraz, como poco, llamativo. Tunos universitarios, gaiteros, caballeros españoles con capa, monjes y toreros suelen ser los más recurrentes. El "modus operandi" es el siguiente: el cliente que contrata los servicios de estas compañías facilita, además de la cuantía a la que asciende la deuda, el nombre y los datos de contactos de su deudor. Una vez localizado, arranca el carnaval. El cobrador enfundado en su disfraz se presenta y comienza a perseguir al moroso.

Esta fórmula se utiliza pensando que el deudor acabará pagando su deuda antes de que todo el mundo sepa que es un mal pagador y para librarse del incordio del disfrazado de turno. Sin embargo, "en el resto de los países europeos está absolutamente prohibida la utilización de cobradores disfrazados, ya que se considera una vulneración a los derechos de imagen e intimidad de los ciudadanos". Incluso en Estados Unidos y en la mayoría de los países de Iberoamérica esta práctica no es legal, ya que allí se entiende que atenta contra la imagen pública de las personas.

Sin embargo, pese a que la Constitución Española reconoce en el Art.18 del capítulo de derechos fundamentales de los españoles que todo ciudadano "debe tener garantizados el derecho al honor, a la intimidad personal y familiar y a la propia imagen", este mecanismo se sigue empleando con toda normalidad.

EL PERFIL DEL MOROSO

En el puesto número uno del ranking de morosos está el profesional, el que cosecha pufos allá donde va; dar de baja el teléfono, estar ilocalizable o incluso cambiar de residencia son sus prácticas más habituales.

El segundo lugar lo ocupa el autofinanciado. Se trata de una persona que sabe con exactitud que muchas de las facturas que debe han vencido tiempo atrás pero sigue demorando sus pagos hasta que cobre las deudas de sus propios acreedores.

Por último está el moroso en crisis, es decir, quien trabaja o ha trabajado en empresas del sector de la construcción o de otros subsectores que viven, en gran medida, de ella: marmolería, carpintería metálica... Este tipo de deudor suele acceder a liquidar sus deudas por la vía amistosa fraccionándolas en plazos.

Nada tiene que ver la estrategia del cobrador disfrazado con los procedimientos que siguen las plataformas gestoras de cobro. Su método de trabajo se basa en la gestión amistosa con el deudor. Para ello, hacen valer las ventajas que se conceden en la Ley Antimorosidad y recurren al mecanismo del proceso monitorio.

La Ley Antimorosidad nació con dos claros objetivos; el primero, penalizar con intereses el retraso en pagar tras el vencimiento del plazo pactado entre las partes, y el segundo, hacer frente a la tan común situación en la que el cliente fija a su proveedor plazos de pago excesivamente largos, y que luego ni tan siquiera cumple. Desgraciadamente, la realidad es que un porcentaje muy bajo de empresas aplica esta ley. Ahora bien, no deja de ser un mecanismo de presión que las plataformas gestoras de cobro utilizan, sobre todo en cuanto se menciona el apartado de los intereses.

Por su parte, el proceso monitorio es un procedimiento que nació con la intención de ser rápido y sumario, además de barato, y que goza de una gran aceptación en los países europeos. Este instrumento se aplica a deudas inferiores a los 30.000 euros, y se inicia presentando una demanda, que si se desea puede ser sin la presencia de un abogado o procurador, ya que se trata de rellenar un formulario en el Juzgado de Primera Instancia del domicilio del deudor. Una vez admitida, el juez se dirige al moroso y le otorga un plazo de 20 días para responder. En ese periodo de tiempo, el deudor puede acceder a liquidar sus impagos, o puede oponerse a la deuda alegando causas por las que no está de acuerdo, lo que da lugar a un proceso judicial ordinario. Por el contrario, si el moroso no responde y omite la llamada del juez, automáticamente el embargo es ejecutivo.

El tiempo que transcurre entre que se interpone la demanda y el juez contacta con el deudor varía en función de la comunidad autónoma en la que se presente, aunque por término medio, "el tiempo de espera es de 3 ó 4 meses".

La mayoría de las empresas dedicadas al recobro de deudas suele pactar contractualmente una comisión en forma de porcentaje sobre la cantidad de dinero recuperado. Esta cifra puede variar y se calcula en función de la suma de dinero a la que asciende la deuda, la antigüedad del expediente y la dificultad de las gestiones que los cobradores deban llevar a cabo para liquidar los impagos. La empresa de Panizo aplica "un porcentaje del 20% cuando la deuda se resuelve por la vía amistosa y de un 35% si es necesario emprender acciones judiciales", según aclara.

Lo habitual es que los honorarios de estos servicios, que oscilan entre el 15% y el 50%, se liquiden una vez que el cliente haya recuperado lo que se le debía. Se aplica así el principio internacional del "no collection no commission", es decir, si no hay resultados no hay comisiones que cobrar. De esta manera, el cliente de este tipo de negocio se asegura de que la empresa se esforzará al máximo por liquidar sus impagos. Por ello, se recomienda no contratar los servicios de aquellas agencias de cobro que solicitan una cuota fija mensual indistintamente de si la deuda se recupera o no. De cualquier forma, es aconsejable que antes de firmar cualquier contrato el consumidor lea detenidamente su contenido, especialmente las cláusulas que se refieren a la forma de pago. Asimismo, se debe recordar que, ante la más mínima duda sobre el documento, lo mejor es solicitar el asesoramiento de un abogado que despeje cualquier incertidumbre.

Tema 6. Informes de solvencia de particulares, ¿efectivos? Acceder a información sobre empresas

Solicitar un informe de solvencia de un cliente puede ser eficaz para conocer la fiabilidad de los particulares con quienes se entablan operaciones comerciales. La debilidad de la actividad económica en España, que dificulta que las empresas cumplan con sus compromisos de pagos, unida a la pésima situación del mercado laboral, propicia el aumento de la tasa de morosidad. Esta circunstancia explica la necesidad que tienen bancos, empresas y consumidores de conocer la solvencia de los particulares con quienes entablan operaciones comerciales. Una de las consecuencias más evidentes de la crisis económica actual es el imparable crecimiento de los impagos. Pese a que las entidades han dejado de comercializar de forma generalizada los productos con mayor riesgo (los destinados a la compra para el alquiler o los que permiten el uso de la garantía hipotecaria para financiar bienes de consumo), el alza de los activos dudosos totales, sumado a la contracción del crédito, supone, según el Banco de España, un nuevo repunte de la morosidad. La crisis económica que castiga a España ha disparado el número de personas y empresas que son incluidas en los ficheros de morosos. De hecho, se estima que, hoy, alrededor de cuatro millones de personas en España tienen incidencias de impagos y más de dos millones y medio de españoles figuran en una de estas listas. Y su número va en aumento cada mes.

A través de los informes de solvencia, un particular puede averiguar si figura como moroso en algún registro de impagados. Además, con estos informes se puede localizar a una persona en situación de morosidad e iniciar la recuperación del impago. A su vez, de la solvencia del deudor depende que este pueda hacer frente a sus deudas de forma amistosa o por vía judicial, mediante el embargo de sus bienes.

Los precios de los informes de solvencia, tanto de sociedades como de particulares, parten de 19,95 euros

Para conseguir este objetivo, las empresas que emiten informes de solvencia inician su investigación mediante la búsqueda de los domicilios actuales de personas físicas o jurídicas (incluyendo los administradores), para obtener información relativa a su solvencia, como propiedades inmobiliarias, bienes muebles o cualquier otro activo de relevancia. Se trata de un sistema de verificación similar al que utilizan las entidades bancarias para conceder sus créditos, y tiene una alta fiabilidad.

Empresas como Einforma, Ibercheck, Iberinform, Sogeassa, etc. ofrecen informes de solvencia tanto de empresas como de particulares a partir de 19,95 euros.

Por qué son eficaces los informes de solvencia

1. Solicitar un informe de solvencia de otro particular o un cliente puede ser eficaz en diversas situaciones:

    o Las entidades financieras los emplean para saber si quien solicita un préstamo ha tenido incidencias de impago en el pasado y, así, poder evaluar el riesgo antes de prestarle el dinero.

    o Un informe de solvencia sirve para averiguar si el futuro inquilino a quien se tiene intención de alquilar un inmueble es una persona que hace frente a sus compromisos de pago.

    o Las empresas, antes de conceder crédito comercial, pueden evaluar el riesgo de impago de un cliente que pretende comprar un producto o servicio a crédito, o con pago aplazado. Si en el informe se ofrecen ratings de rentabilidad y solvencia bajos, se aconseja operar al contado con esa empresa o particular.

- o Si un particular o empresa quiere establecer una relación mercantil con otra sociedad, puede saber si los administradores tuvieron impagos en el pasado.

2. Obtener un Informe de Solvencia propio también puede resultar útil en numerosas circunstancias:

- o El usuario puede conocer el perfil de solvencia y estar seguro de que está libre de impagos antes de solicitar un crédito.

- o El particular puede averiguar el detalle concreto de cada incidencia de impago que pueda tener (su importe, el acreedor y la fecha de cada una).

- o Se puede conocer qué entidades financieras han consultado el perfil del consumidor en las bases de datos de morosos en los últimos seis meses.

o El particular puede compartir su información de solvencia con las personas o empresas que desee y, así, acreditar su buen comportamiento de pagos.

o El consumidor puede ofrecer información al propietario del inmueble que se pretende alquilar y demostrar su capacidad financiera, para reducir el aval o la fianza que se le solicita.

De dónde obtienen información las empresas que realizan informes de solvencia

En España hay más de 150 ficheros de morosos, aunque los archivos legales más importantes, a través de los cuales se obtienen los informes de solvencia, son los siguientes:

1. El RAI (Registro de Aceptaciones Impagadas) depende del Centro de Cooperación Interbancaria y fue creado por los bancos, cajas de ahorros y cooperativas de crédito. Recoge la información sobre incumplimientos de pago por parte de

personas jurídicas, de importe igual o superior a 300 euros, provenientes de efectos aceptados e impagados a su vencimiento (letras aceptadas, pagarés cambiarios y cheques y pagarés de cuenta corriente).

2. El fichero Asnef, de la (Asociación Nacional de Establecimientos Financieros de Crédito), engloba los archivos de las entidades financieras españolas. Creado en 1967, es el registro de morosos más amplio de España e incluye la información relativa a la solvencia patrimonial y de crédito de todas las personas que tienen una deuda impagada. Asnef es una base de datos que se nutre de la información que aportan sus propios socios (entidades financieras, compañías de telefonía, empresas de suministros, aseguradoras, editoriales y administraciones públicas). Su objetivo es ayudar a las empresas a minimizar los riesgos financieros, al permitir que estas consulten en su fichero on line los posibles morosos.

Según Asnef, el saldo moroso total registrado en enero de 2012 superaba los 90.000 millones de euros, seis veces más que el registrado en enero de 2008, al inicio de la crisis. Esta tendencia está incidiendo de manera muy desfavorable en la confianza de los españoles, tanto particulares como empresas, en sus operaciones comerciales. El temor a los impagos provoca enormes costes por incertidumbre, ya que no saber quién puede ser moroso implica tener que aplicar una prima de riesgo a todas las personas con las que se hacen negocios, aunque la mayoría de ellas sean buenas pagadoras.

3. El Experian Badexcug (Experian Bureau de Crédito) gestiona un archivo de morosidad al que tienen acceso organizaciones de servicios financieros, ventas al por menor y por catálogo, telecomunicaciones, servicios públicos, medios de comunicación, comercio electrónico, seguros, automotriz, industria, ocio, sector inmobiliario y sector público. No se requiere el consentimiento del afectado para realizar el tratamiento de datos, aunque debe ser informado de que ha sido incluido en el fichero.

4. La CIRBE (Central de Información de Riesgos del Banco de España) no es un fichero de morosos, pues en su base de datos constan las deudas,

créditos, préstamos y avales que tienen los clientes de las entidades financieras, tanto si están al día con los pagos, como si no lo están. Este organismo evalúa el riesgo que ha asumido un particular o empresa ya que, en el informe que realiza, se puede constatar cuál es su grado de endeudamiento.

Al formar parte de una de estas bases de datos, el deudor tiene restringidas todas las posibilidades de financiación en el mercado. Además, si se está incluido en uno de estos ficheros, se puede tener problemas para contratar una línea telefónica o los servicios básicos, como la luz y el agua. De ahí, la importancia de saber si se está o no en una de estas bases de datos. Por otra parte, los datos registrados en estos ficheros no pueden tener más de seis años de antigüedad, contados desde la fecha de inclusión del dato en el registro.

El seguimiento de impagados fallidos

Un informe de solvencia sirve de gran utilidad con los impagos incobrables o fallidos, que son los impagados cuyas gestiones extrajudiciales y judiciales fueron en vano y han resultado incobrables. Las empresas que realizan los informes de solvencia hacen seguimientos regulares de las carteras de fallidos para conseguir la recuperación de los impagados.

A menudo, varían las circunstancias de los titulares de créditos impagados (al recibir una herencia, al conseguir un puesto de trabajo, al comprar una nueva propiedad o al obtener fondos en cuentas corrientes) y pueden ser susceptibles de embargo. En este sentido, los informes de solvencia pueden indicar el cambio en las circunstancias económicas del moroso, lo que permitiría recuperar los impagos.

Conocer los datos básicos de una empresa que debe una determinada cantidad económica a un trabajador, informarse de cómo es la compañía con la que acaba de firmar un contrato de trabajo, detectar la razón social o el historial de un directivo de una empresa deudora o morosa, e incluso recabar datos económicos de una empresa con el objetivo de invertir en ella, está al alcance de los todos los ciudadanos españoles a través del acceso a diferentes fuentes informativas. Todas ellas son legales y permiten conocer cualquier dato mercantil o financiero de la empresa. Unas son de carácter público -disponibles para todos los ciudadanos- y otras son privadas y permiten acceder a una información más especializada y personalizada. La forma más cómoda para realizar esta búsqueda es a través de Internet (en ambas modalidades) mediante un pequeño formulario con los datos más básicos del solicitante.

Información disponible

El primer paso para acceder a los diferentes servicios de información -públicos o privados- es determinar qué tipo de información se va a necesitar. No será lo mismo solicitar una información elemental de la empresa que conocer el balance de cuentas o el historial de un directivo. Este punto es importante porque este servicio no es gratuito en todos los casos (sólo cuando se solicitan datos muy básicos) por lo que determinar desde el principio la naturaleza de la información demandada puede contribuir, en gran medida, a ahorrar en la factura final. El precio dependerá del grado de exigencia de la información demandada y de la frecuencia con la que se demande este tipo de servicios. Por ejemplo, para consultas regulares existen bonos y cuotas anuales.

¿Qué tipo de información se puede consultar?

En los servicios de información sobre las empresas es posible consultar toda la información actualizada necesaria para conocer mejor a los clientes, proveedores, empleadores, deudores y competencia, todo ello a través de los informes sobre datos extraídos de fuentes oficiales -y analizados por profesionales- que proporcionan un completo conocimiento sobre las mismas.

Cuando un ciudadano se registra en algunas de estas empresas, puede tener acceso (sin cuota fija), junto a informes de solvencia y riesgo-crédito de las mismas, al módulo RAI (Registro de Aceptaciones Impagadas), y conocer si una empresa está incluida en él. Otra de las opciones es pedir un informe mercantil completo de la empresa, que consta de las siguientes informaciones: gráficos y ventas de los últimos años, consejo de administración, administradores actuales, administradores históricos, directivos, accionistas, participaciones y vinculaciones en otras empresas, artículos de prensa publicados sobre la empresa, información oficial y registral complementaria, y marcas registradas de la empresa.

A través de diversas fuentes (Registro Mercantil, prensa, investigación propia, etc...) también es posible conocer las vinculaciones profesionales de millones de ejecutivos y empresarios, y su participación como directivos, administradores y apoderados en empresas españolas.

Acudir a un detective privado

Más allá de la presencia de estas fuentes de información, la investigación privada sigue siendo una de las opciones más recurrentes en la actualidad para recabar datos sobre una empresa: comprobar su estado financiero, participación, constitución, o paradero de sus directivos. Ahora bien, aunque es una de las alternativas más completas en estos momentos, también es una de las más caras. Hay varias empresas dedicadas a esta actividad que cuentan con servicios de gabinete de detectives privados y llegan donde otros medios no pueden acceder.

Los detectives privados son especialmente efectivos para localizar el paradero de morosos o deudores, y sus principales clientes son, por tanto, las personas a quienes se adeuda un período trabajado, colaboraciones prestadas, o alguna operación económica realizada para una empresa. Para que el servicio de detectives sea rentable, es necesario que la deuda sea importante, ya que los honorarios no suelen bajar de 1.000 euros. Entre los servicios que ofrecen estas empresas destacan las investigaciones mercantiles y financieras, y se diferencian de otros medios en que su labor de investigación va más allá de los métodos tradicionales:

libros contables, documentos oficiales, datos, etc. El principal "gancho" para acudir a esta alternativa es que tratan la información de forma personalizada, e incluyen el secreto profesional. El principal problema es que no se puede contar con una tarifa estándar, ya que cada caso necesita de una mecánica de trabajo diferente, y los presupuestos se realizan de forma personal e individualizada en función de las necesidades de cada cliente. En cualquier caso, es una alternativa recomendada únicamente para los casos más difíciles.

Fuentes públicas y privadas

Las fuentes de información públicas son las más numerosas y más fáciles de consultar, ya que la mayoría son on line, pero tienen la desventaja de que también son las que ofrecen una información menos detallada. De entre todas, las más importantes son la Comisión Nacional del Mercado de Valores (CNMV) y el Registro Mercantil. La CNMV es especialmente eficaz si se quiere recabar datos de las empresas y sociedades financieras a través de toda la información que éstas generan: notas de prensa, hechos relevantes, cambio de accionariado, notificaciones, etc. Se puede acceder, además, a un servicio de consulta de informes y publicaciones de cada una de las empresas.

El principal inconveniente de este sistema es que solamente afecta a las empresas cotizadas en bolsa, y no afecta a las pequeñas y medianas empresas. Su principal aportación es su utilidad en casos de información para el accionista o para protegerse de eventuales fraudes financieros como los denominados "chiringuitos financieros". Permite, a través de un buscador, seleccionar la empresa que se desee, de la que aparece toda la información disponible hasta el momento, y de manera gratuita. Es de gran utilidad para los inversores, ya que les permite estar informados en todo momento sobre los movimientos que se vayan produciendo en cualquiera de las empresas.

Las fuentes de información públicas son las más numerosas, pero ofrecen una información limitada

La segunda de las fuentes de información públicas a las que puede acceder el ciudadano es el Registro Mercantil Central, idóneo para hacer consultas sobre pequeñas y medianas empresas, tanto "in situ" como a través de la red. Para conseguir información on line hay que registrarse previamente. La principal información a que puede accederse son datos básicos como el nombre social de una empresa, CIF, apoderados, administradores, etc., con la posibilidad adicional de obtener diferentes clases de certificados. También dispone de una amplia estadística de las sociedades constituidas, muy útiles para quienes necesiten información sobre quiebras, disoluciones, suspensión de pagos, etc. Quizá su mayor inconveniente es el excesivo papeleo a tramitar, lo que provoca que las gestiones se alarguen durante varios días.

Empresas especializadas

La información acerca de una empresa determinada puede recabarse también a través de fuentes privadas. Hay negocios especializados en buscar información de empresas que ofrecen desde datos genéricos hasta análisis detallados sobre las actividades de la compañías. La contratación de estos servicios se puede realizar a través de Internet, del departamento comercial de la compañía, o rellenando un pequeño formulario que permite el acceso a todos los servicios y productos. El valor adicional que proporciona este tipo de fuentes es que dispone de un trabajo de investigación muy actualizad. Los servicios que ofrecen varían en función de la información que requerida, con varios niveles de acceso de la información. Dun & Bradstreet, por ejemplo, dispone de varios niveles:

D&B e-Express. Ofrece una información básica sobre las empresas españolas.

D&B Access para internet. Contempla una información comercial de valor añadido, comparativos financieros e información de pagos.

D&B Rating. Para información de mayor calado financiero. Está más indicado para empresas que para particulares.

Los precios de estos servicios que también ofrecen empresas como Credinsa y Unibarsa varían en función de la información solicitada y del tiempo de duración que requiera la investigación. Así por ejemplo, para realizar una consulta básica la tarifa oscila entre 10 y 30 euros. También se ofrece la opción de pagar una cuota anual, en torno a 150-200 euros aproximadamente, que da derecho a consultar todos los datos y solicitar los informes necesarios.

Información on line

La manera más cómoda y rápida que tiene el ciudadano para acceder a los datos es Internet, aunque en muchas ocasiones se encuentra sólo información elemental. Axesor, E-informa, e Informa son algunas de las empresas que se han creado para tal fin. A través de esta modalidad se obtiene información mercantil, financiera, jurídica o legal de las empresas consultadas. Pero también información más sencilla como puede ser la mercantil o el acceso a las fichas de las empresas. Otro servicio que prestan este tipo de empresas es la búsqueda de nuevos clientes on line, a través de un listado de empresas que disponen en sus registros. En estos momentos la principal novedad es la modalidad wap, a través de la telefonía móvil. Entre sus ventajas destaca que se puede conseguir información de empresas ubicadas en otras áreas geográficas, aunque en ocasiones obligan a suministrar los datos bancarios para acceder a la información gratuita.

Los precios

El coste de estos servicios varía en función de la información que se requiera. Hay servicios gratuitos para las primeras operaciones, e incluso ofertas por inscribirse. Pero por lo general, es necesario darse de alta rellenando un cuestionario con los principales datos y elegir la forma de pago: una cuenta bancaria o tarjeta de crédito.

Por otro lado, también hay que tener en cuenta varias modalidades para realizar el abono, bien a través de un contrato anual, bien por un sistema de bonos de pago o simplemente por servicio realizado. Por lo general las tarifas varían en función del servicio contratado, que oscila desde 0,5 euros por realizar una consulta básica, a 50 euros por un informe comercial. Algunas empresas de este ramo, como "gancho" para obtener más clientes permiten la consulta gratuita de un número determinado de empresas (5-10), para posteriormente cobrar por este servicio.

Cómo conseguir la mejor información

Para consultar información básica se debe acudir a las fuentes públicas o intentar conseguirla a través de las consultas on line, que son las que ofrecen este servicio de forma gratuita y con gran rapidez.

Para informaciones de mayor envergadura lo aconsejable es acudir a empresas especializadas que tienen una base de datos muy potente, aunque en estos casos existe una tarifa para cada servicio.

Cuando se trate de recabar información de forma regular, conviene acogerse a fórmulas que reduzcan sensiblemente la tarifa: cuota anual, bonos, etc. Es importante saber de antemano los datos que se necesitan realmente para pagar únicamente en función del servicio requerido.

Algunas empresas permiten a sus clientes realizar consultas totalmente gratuitas, aunque sólo las primeras. Es el método ideal para los usuarios que sólo necesitan la información de una empresa.

Tema 7. No puedo pagar mis facturas, ¿qué me puede pasar?

Domiciliar los recibos en las cuentas bancarias supone una mayor comodidad, más facilidades y menos trámites burocráticos para el pago periódico de servicios. Por ello, la mayoría de clientes de bancos y cajas efectúan de manera automática a través de su cuenta los pagos mensuales de los servicios contratados sin moverse de casa. Las facturas del gas, la luz, el teléfono y hasta de guarderías y colegios o gimnasio se pagan desde la cuenta bancaria. Pero puede ocurrir que se carguen recibos que no se han autorizado, no corresponden o bien reflejan importes erróneos. ¿Qué se puede hacer en estos casos?.

Según indica la Ley de Servicios de Pago, los usuarios bancarios tienen que dar su consentimiento para la realización de pagos en su cuenta, con anterioridad o posterioridad a los mismos. En la práctica, pueden devolver todos los recibos que no quieran abonar procedentes de otra empresa y asumir las consecuencias correspondientes.

Hay dos plazos para dar la orden de devolución, que se aplican en función de si el cargo en la cuenta estaba o no autorizado:

1. Si no estuviera autorizado, en cuanto tiene conocimiento de que se ha gestionado el cargo, el cliente ha de notificarlo al banco de manera inmediata. La comunicación a la entidad ha de realizarse en un plazo máximo de 13 meses desde la fecha del cargo.

2. En el caso de que sí estuviera autorizado el pago, es decir, cuando el cliente hubiera dado el consentimiento para su ejecución, la ley indica que tiene derecho a la devolución de la cantidad total correspondiente a las operaciones de pago autorizadas, pero en determinadas condiciones. En esta situación, el plazo para dar la orden de devolución es de ocho semanas, contadas a partir de la fecha del cargo en cuenta del cliente.

En este último caso, la devolución del recibo puede hacerse efectiva si se dan algunas de las siguientes condiciones:

- Cuando el cliente dio la autorización, no se especificaba el importe exacto de la operación de pago.

- El citado importe superaba la cantidad que el ordenante podía esperar, de acuerdo a las anteriores pautas de gasto.

Esto resulta válido en los cargos que son periódicos y se cargan mes a mes y puede efectuarse, por tanto, una comparativa válida. Si se cargan 30 euros por el recibo del agua durante varios meses y en un momento determinado se cargaran 100 euros, estaría justificada la devolución.

La ley pone estos límites, aunque deja un espacio abierto a que el cliente y la entidad puedan convenir la devolución de domiciliaciones, incluso cuando no se cumplan las condiciones para la devolución contempladas en la normativa.

Reintegro del recibo rechazado

Una vez realizada la devolución del recibo, el banco reintegrará el importe completo de la operación al cliente, en un plazo de diez días hábiles. En caso contrario, la entidad deberá justificar su denegación e indicará los procedimientos de reclamación, judiciales y extrajudiciales, de los que dispone el usuario.

Si un pago no está autorizado, hay que notificarlo al banco en cuanto se conoce que se ha gestionado el cargo

Las devoluciones se pueden efectuar en una sucursal de la entidad o bien a través de Internet. La mayoría de bancos y cajas poseen un servicio para rechazar recibos a través de su página web.

Para evitar situaciones más complejas, se recomienda al usuario indicar un importe límite para operaciones ocasionales, en los casos en que sea posible. De esta manera, se evitará un cargo alto de empresas con las cuales no hay vínculo alguno.

Devolver recibos: consecuencias

Rechazar recibos es una práctica bastante frecuente relacionada, sobre todo, con los servicios de telefonía móvil e Internet, aunque también se registra en el área de las mutuas médicas. Estos mercados son muy competitivos y hay una frecuente optimización de las ofertas de calidad del servicio versus precio. Por este motivo, los usuarios cambian con bastante asiduidad de compañía proveedora. El problema radica en que, si bien estas ponen muchas facilidades para darse de alta, cuando el cliente quiere tramitar la baja, le ponen obstáculos.

Algunas empresas tienen sistemas que inscriben a los clientes en los listados de morosos, sin notificárselo

Para evitarse el engorro burocrático de notificar la baja vía fax o burofax, una práctica habitual de los usuarios es rechazar los recibos. Pero hay que tener cuidado, ya que algunas empresas tienen sistemas automáticos que inscriben a los clientes en los listados de morosos, sin notificárselo al interesado. Se puede incluir su nombre en el RAI (Registro de Aceptaciones Impagadas), donde figuran las personas jurídicas, o en la ASNEF (Asociación Nacional de Entidades de Financiación), uno de los más grandes registros de morosidad.

Las consecuencias pueden ser nefastas, puesto que bancos y cajas consultan estos ficheros en procesos de concesión de créditos o hipotecas. Figurar en uno de estos listados, además de clasificarle como moroso, puede imposibilitar al cliente para acceder a un préstamo de esta naturaleza.

Cuando se da esta situación y se ha registrado al usuario en uno de estos listados, deberá presentar prueba documental de que no mantiene deudas con la empresa para que así se elimine del listado. De lo contrario, permanecerá en el registro de morosos.

Otra posible consecuencia del rechazo de recibos es la interrupción del servicio del cual se ha devuelto el cobro. En estos casos, el usuario ha de ponerse en contacto con el proveedor para que se le restablezca el suministro. El banco no tiene ninguna potestad para intervenir en este tipo de situaciones.

Son numerosos los hogares que, debido a la crisis, no pueden afrontar el recibo de la luz. Nadie está a salvo e incluso hay varias administraciones públicas al borde del impago.

Desde que comenzó la crisis han sido numerosas las familias que, debido a las estrecheces económicas, se han visto abocadas a dejar de pagar sus facturas. Una de las consecuencias más visibles de esta situación, que soportan miles de hogares españoles, es el impago de los suministros básicos (luz, agua, gas o teléfono). Aunque las compañías distribuidoras de electricidad guardan la mayor discreción sobre este asunto, se calcula que la morosidad en los pagos del recibo de la luz se ha multiplicado por cuatro en los últimos tres años.

La morosidad en los pagos del recibo de la luz se ha multiplicado por cuatro en los últimos tres años

La empresa distribuidora puede suspender el suministro al consumidor a partir de los dos meses de haberse solicitado el pago y no haberse hecho efectivo. El requerimiento debe realizarse a la dirección física que figura en el contrato, y por cualquier medio que permita tener constancia de su envío y recepción. Las compañías distribuidoras están obligadas a conservar la acreditación de la notificación efectuada.

Si la notificación es rechazada, se tiene que especificar en qué circunstancias se ha producido y se da por efectuado el trámite. Esta comunicación debe incluir el trámite de interrupción del suministro por impago, y precisar la fecha a partir de la cual, si no se ha abonado la deuda, se va a cortar la luz.

Las eléctricas no pueden cortar la luz a los usuarios en festivos, ni en vísperas de festivos

En cualquier caso, algunas de las causas de resolución del contrato de la luz son las siguientes:

Cuando no se permite la entrada al personal autorizado por la empresa distribuidora en el lugar donde se encuentran las instalaciones de transformación, medida o control.

Si el consumidor es negligente en la custodia de los equipos de medida y control, con independencia de quién sea el propietario de estos.

Cómo se restablece el suministro eléctrico

La restitución de la luz se produce el mismo día en que se abonan las facturas o al siguiente día hábil. Si se ha dado de baja el contrato o se ha retirado el contador, el suministro eléctrico puede tardar cinco días en reanudarse.

La cuota de reenganche al suministro viene incluida en el siguiente recibo de la luz y oscila entre 21,33 y 23 euros, según la compañía eléctrica de que se trate. En algunos casos, se puede solicitar el fraccionamiento de la factura, para hacer los pagos más llevaderos.

La cuota de reenganche al suministro oscila entre 21,33 y 23 euros en función de la compañía

A pesar de que la coyuntura económica es delicada, las compañías eléctricas sostienen que no se ha producido un aluvión de facturas impagadas, con los consiguientes cortes de suministro. En cambio, sí reconocen que, en los últimos meses, han notado que los usuarios apuran más el periodo voluntario de pago de sus facturas, y que esperan hasta el último momento para liquidar el recibo.

Los derechos de los usuarios de suministro eléctrico

Al contratar el servicio eléctrico, el usuario debe conocer que tiene una serie de derechos:

Tras la liberalización del sector eléctrico, en julio de 2009, los contratos de la luz tienen una duración anual. Aun así, el usuario puede anular dicho contrato antes de ese plazo, siempre que lo comunique a la compañía eléctrica en los cinco días hábiles anteriores a la fecha en que desea dar de baja el suministro.

El consumidor tiene derecho a cambiar de tarifa y de potencia contratada. Sin embargo, salvo que se llegue a un acuerdo con la empresa distribuidora, no puede hacerse más de un cambio en el tipo de contrato hasta que no haya transcurrido un año desde la última modificación.

Asimismo, el consumidor tiene el derecho a ser informado y asesorado por la compañía distribuidora sobre la tarifa, su modalidad de aplicación, la potencia que va a contratar y las demás condiciones del contrato que sean más beneficiosas para él.

Además, el usuario puede elegir con libertad la tarifa que más le convenga, entre las que están aprobadas.

Antes de suscribir el contrato con una compañía eléctrica, y con el fin de evitar posteriores problemas, conviene tener en cuenta una serie de consejos:

1. No conviene contratar la electricidad por teléfono, sino hacerlo a través de Internet o de manera presencial. Así se obtiene el contrato por escrito y se puede guardar.

2. Una vez que se han estudiado las ofertas de las compañías, se recomienda utilizar, como referencia, la tarifa de último recurso y analizar las facturas de los últimos meses, su consumo medio, la potencia de contratación, y los kilovatios por hora para comparar con las diferentes empresas comercializadoras.

3. Nunca conviene dejar de pagar una factura, ya que podría suspenderse el suministro en el momento en que más se necesita.

4. Como norma básica, se debe tener en cuenta que cuanto más alta es la potencia eléctrica que se contrata, mayor es la cuota mensual que hay que pagar. Por ello, conviene ajustar la potencia en función de los aparatos eléctricos que vayan a funcionar de modo simultáneo en el hogar, para así evitar pagar de más por servicios que no se utilizan.

La TUR (tarifa de último recurso) es una tarifa eléctrica regulada por la que las compañías que comercializan la luz no pueden imponer el precio de modo libre, sino que deben cobrar el estipulado por el Ministerio de Industria, Turismo y Comercio. A este tipo de tarifa pueden acogerse los consumidores que tienen contratada una potencia inferior a los 10 kilowatios, es decir, la mayoría de los usuarios particulares y algunas pequeñas empresas.

Las empresas comercializadoras de la tarifa de último recurso son: Endesa Energía XXI, Iberdrola Comercialización de Último Recurso, Gas Natural Servicio

Último Recurso, Hidrocantábrico Energía Último Recurso y E.ON Comercializadora de Último Recurso.

Tanto los consumidores que se acogen a la tarifa de último recurso, como las compañías eléctricas, tienen que cumplir una serie de obligaciones:

Las obligaciones del usuario:

1. El consumidor dispone de 20 días naturales desde la emisión de la factura para abonarla. Si el último día es festivo o sábado, el plazo vence al siguiente día laborable.

2. El abono de la factura se puede hacer de varias formas:

   o Mediante domiciliación bancaria. En este caso, no se puede realizar el cargo hasta siete días naturales después del envío de la factura.

   o En las oficinas de la empresa suministradora (o en la empresa en la que ésta delegue).

   o En la cuenta corriente que se indique.

o En el caso de las zonas geográficas con dificultades para cualquiera de estos sistemas, se puede realizar el pago mediante un giro postal u otro medio similar.

Las obligaciones de la empresa suministradora:

1. No se puede interrumpir el suministro eléctrico hasta que no han pasado dos meses desde que la compañía envía al usuario una carta certificada o un fax.

2. La compañía eléctrica no puede cortar la luz al usuario en días festivos, ni vísperas de festivos y tampoco en los días en que no está disponible el servicio de atención al cliente (tanto en el área comercial, como en el departamento técnico) de la empresa.

3. Si se abonan las facturas que se adeudan, la empresa eléctrica debe restablecer el suministro de luz en un plazo máximo de 24 horas (salvo que se haya retirado el contador o el contrato haya sido rescindido, en cuyo caso el proceso se puede prolongar hasta cinco días).

El corte del suministro y la inclusión del deudor en ficheros de morosos son algunas de las posibles consecuencias. Cada vez son más las familias que tienen grandes dificultades para hacer frente al pago de servicios como la electricidad, el gas o el teléfono. Con la crisis, pese a los intentos por llegar a fin de mes, abonar los recibos supone un problema y, por lo general, se da prioridad a los grandes desembolsos como el de la hipoteca o el alquiler de la vivienda, de manera que se relega a un segundo plano el pago de facturas menores como la luz, el agua caliente o el móvil. Pero el impago de estos recibos puede traer consigo efectos negativos como cortes en el suministro o la inclusión del consumidor en listas de morosos. No obstante, aunque no se haya hecho frente al pago, en determinadas circunstancias la suspensión del servicio no es posible.

La mala situación económica ha provocado un aumento de los retrasos y de los impagos de las facturas vencidas por parte de los consumidores. Pero la crisis no es la única causante: aunque la morosidad se debe en la mayoría de los casos a la falta de liquidez, otras veces es un error en la tramitación por parte del banco el factor que genera los desagradables resultados que trae consigo no pagar las facturas de los principales suministros. ¿Qué sucede en caso de impago?

Electricidad

Al igual que ocurre con otros servicios, el abono de las facturas de la luz se puede realizar por domiciliación bancaria, con el pago en la entidad o si se acude a la empresa con la que se tiene contratado el suministro, una opción cada vez menos utilizada.

El plazo para ingresar el dinero es de unos 20 días desde que se emite la factura, lo que da al usuario la posibilidad de no hacer coincidir este desembolso con otros como el de la hipoteca o la comunidad de vecinos.

Los impagos se deben, en ocasiones, a un error en la tramitación por parte del banco

Pero aunque se cuente con cierta flexibilidad, no siempre es posible pagar en el tiempo establecido y el abono se hace con retraso o ni siquiera se realiza. ¿Qué ocurre en este caso? Si el cliente deja de pagar la factura, aunque sea solo un mes, la compañía eléctrica tiene derecho a suspender el suministro del usuario, pero antes es necesario que dé una serie de pasos.

1. En primer lugar, antes de cortar la luz, la empresa con la que el cliente tiene contratado el servicio ha de ponerse en contacto con él para avisarle de las consecuencias del impago.

2. El requerimiento debe enviarse a la dirección del usuario por vía postal y a través de un medio que permita tener constancia de su envío y recepción, como puede ser una carta certificada con acuse de recibo.

3. En este documento, la compañía deberá indicar la fecha en la que va a proceder a la suspensión del suministro en el supuesto de que el usuario no abone el dinero que debe.

4. Para que la empresa distribuidora pueda cortar la luz en el domicilio del consumidor, es necesario que pasen al menos dos meses desde que se efectúa el requerimiento.

5. La interrupción no puede hacerse en jornadas festivas, en aquellas en que no esté operativo el servicio de atención al cliente, ni en sus vísperas.

Los gastos de la desconexión los asume la empresa, pero para volver a tener servicio eléctrico, el usuario tiene que pagar el dinero que debe a la compañía y, además, un recargo por el reenganche. En el momento en que haga efectivo el abono, la distribuidora tiene un día para devolver el alumbrado a la vivienda.

Cuando les cortan la luz, los usuarios tienen que pagar por el restablecimiento del servicio

Algunas fuentes señalan que el corte del suministro es un negocio muy rentable para las eléctricas debido, entre otros aspectos, al importe que tienen que pagar los usuarios por el restablecimiento del servicio y al elevado número de clientes que tienen que someterse a este procedimiento si desean tener de nuevo luz en su vivienda.

En Cataluña, según el Código de Consumo, desde el 23 de julio de 2011, la empresa no puede cortar el suministro eléctrico a su cliente, aunque este haya dejado de pagar un recibo, si hay una reclamación en marcha en relación con esta factura. De este modo, el usuario no tiene que abonar un importe que considera injusto, como sucedía antes, y después poner la queja. Ahora tiene la posibilidad de paralizar el procedimiento mediante la reclamación.

Gas

Algo similar pasa cuando el impago se relaciona con la factura del gas. Al dejar de abonar un recibo, el usuario tiene 20 días para hacerlo efectivo. La empresa puede suspender el suministro a los consumidores mediante un requerimiento como el que han de hacer las eléctricas y en el mismo plazo. Cuando la notificación se rechaza, se especifican las circunstancias del intento de aviso y se entiende por efectuado el trámite.

Lo único que cambia con respecto a la energía eléctrica son los plazos de restitución del servicio, que en el caso del gas se amplían a un máximo de 48 horas, frente a las 24 del alumbrado. Además de la cantidad adeudada, también hay que abonar la reconexión del suministro. Este importe, según establece el Real Decreto 1434/2002, equivale al doble de lo abonado por el derecho de enganche vigente, como compensación por los gastos de desconexión.

Teléfono fijo e Internet

Si un abonado deja de pagar el teléfono de manera total o parcial durante más de un mes desde que recibe la factura, la compañía puede cortarle el servicio, siempre que haya un aviso previo a la suspensión temporal. Una vez que se realice, el cliente solo podrá recibir llamadas entrantes, a excepción de las realizadas a cobro revertido, pero no tendrá la posibilidad de hacer llamadas, salvo las efectuadas a servicios de emergencias.

Las compañías telefónicas pueden cortar el servicio de forma definitiva si no se paga durante más de tres meses

Cuando la interrupción se ejecute por haber dejado de abonar la factura correspondiente al acceso a Internet o a servicios de tarificación adicional, solo se suspenderán estos servicios. Una gran parte de las reclamaciones a las compañías telefónicas se debe a llamadas que figuran en el recibo del teléfono a precios superiores a los habituales -como los números que empiezan por 905-, que a menudo el usuario niega haber hecho. El impago de estas llamadas no amenaza la continuidad de la línea telefónica.

En ocasiones, los retrasos en el pago del recibo del teléfono no ocurren de manera puntual por un olvido o por la imposibilidad de realizar el desembolso en un momento determinado. Cuando la demora en el abono es superior a tres meses, o se ha realizado una suspensión temporal del contrato por mora en el pago de los servicios correspondientes en dos ocasiones, el operador puede interrumpir de forma definitiva la línea y proceder a la resolución del contrato.

Telefonía móvil

El protocolo que siguen las principales compañías de telefonía móvil por un impago es similar entre ellas, aunque puede variar el plazo que dan para pagar las facturas. También es semejante al que se emplea en la red fija.

Cuando un recibo no se abona a su vencimiento, el cliente tendrá que pagar un interés equivalente al legal del dinero, más un 2%, además de los gastos ocasionados por el impago. Las empresas de telefonía se reservan la posibilidad de efectuar el cobro de forma inmediata de toda la cantidad adeudada, con cargo a las tarjetas de crédito o débito que haya facilitado el cliente.

Si el consumidor no abona las cantidades que debe, la compañía puede restringir las llamadas salientes, la conexión de datos o suspender la prestación de sus servicios. El usuario solo podrá llamar al 112, número de emergencias válido en todos los países de la UE, donde podrán recibir información sobre la posición geográfica del emisor. También se interrumpirá el envío de SMS, aunque podrán recibirse, al igual que sucede con las llamadas entrantes.

Si el cliente paga la deuda, la empresa restablece el servicio en el día laborable siguiente al del pago

Si el cliente paga la deuda, la empresa restablece el servicio dentro del día laborable siguiente al mismo en el que se tenga constancia de que el importe adeudado se ha satisfecho. Como ocurre con la telefonía fija, el impago de los servicios de tarificación adicional o Internet no da lugar al corte de la línea, con lo que se pueden hacer llamadas que no supongan un coste adicional y enviar mensajes.

En el caso de Vodafone, deja constancia en sus contratos de que si el cliente ha interpuesto una reclamación ante la Secretaría de Estado de Telecomunicaciones y para la Sociedad de la Información, la compañía no suspenderá ni interrumpirá el servicio mientras la reclamación se sustancie, "siempre que el cliente consigne fehacientemente el importe adeudado entregando el correspondiente resguardo a Vodafone".

Las compañías pueden cortar el servicio de forma definitiva si el cliente no paga por un periodo superior a tres meses o ya han suspendido el contrato de manera temporal por impago en dos ocasiones.

Inclusión en ficheros de morosos

Algunas empresas de telefonía móvil informan a sus clientes de que, en caso de no abonarse el pago del servicio en el plazo previsto para ello, la operadora podrá comunicar los datos del impago a ficheros relativos al cumplimiento o incumplimiento de obligaciones dinerarias, es decir, a los archivos de morosos. Antes de hacerlo, se realiza por lo menos un requerimiento de pago al cliente de la cantidad adeudada.

Esta es una consecuencia más del impago de los recibos de la luz, el gas o el teléfono. La inclusión de la persona en la lista de morosos puede llevar aparejada la denegación de la concesión de un préstamo, de una hipoteca, e incluso, de una tarjeta de crédito, ya que antes de tramitarlo, bancos y cajas de ahorro consultan estos ficheros para conocer la solvencia de sus clientes.

Aunque la Ley establece que la deuda ha de ser cierta, vencida y exigible para que una persona pase a formar parte de este tipo de archivos, en algunos casos las compañías telefónicas dan los datos de clientes que se han cambiado de empresa sin respetar la permanencia e incumplen así la legislación, puesto que no abonar esta cuantía no supone una deuda cierta. Cuando el usuario se halle inmerso en una reclamación judicial, arbitral o administrativa, tampoco se le puede incluir en la lista de morosos por este impago.

La nueva coyuntura económica ha propiciado un cambio importante en los hábitos de consumo, algo que puede apreciarse en todos los niveles de la sociedad. El hecho de recortar gastos aquí y allá, suprimir las actividades prescindibles, buscar los mejores precios y, en general, abaratar costes se ha convertido en una filosofía transversal. El temor al endeudamiento se palpa. No obstante, el ahorro y el gasto comparten un rasgo común, y es que ambos tienen un límite. Así como hay un tope para endeudarse (ya sea con préstamos o con créditos), también existe un conjunto de servicios mínimos a los que no se puede renunciar. Y, por mucho que se controle su consumo, cuestan dinero. En este sentido -y con independencia de los alquileres y las hipotecas, que suponen el principal gasto mensual familiar-, no hay nada que exija tanto al bolsillo como mantener en marcha una vivienda.

Un tercio del presupuesto

Vivir en época de crisis supone ejercitar la habilidad del ahorro, tanto en los gastos excepcionales como en los desembolsos cotidianos. Los recibos del gas, el agua o la electricidad, la cuota de la comunidad de vecinos y el teléfono, entre otros servicios, representan casi un tercio del presupuesto doméstico y superan, incluso, al gasto en alimentación y transporte. Según este dato -facilitado por el INE-, el presupuesto básico del hogar es elevado, aunque parezca barato porque los servicios se pagan por separado y en diferentes momentos del mes.

A modo de orientación, una familia tipo gasta como promedio unos 50 euros mensuales en electricidad, 60 euros en teléfono, 35 euros en gas, y 30 euros de agua. Es decir, alrededor de 175 euros, que pueden variar en función de la comunidad autónoma, las compañías elegidas y la periodicidad de la factura, el momento del año, y el tipo de consumo que se haga. Basta con una suma sencilla para comprobarlo, aunque, más allá de la realidad particular de cada familia, hay algo que comparten todos los hogares y todos los servicios: la llegada de la factura es puntual.

Una familia tipo gasta como promedio en los suministros básicos cerca de 175 euros mensuales

Hasta hace pocos meses, encontrar una factura doméstica en el buzón no despertaba demasiada inquietud. En la actualidad, 175 euros mensuales pueden desestabilizar un hogar, sobre todo si se trata de familias en las que alguno o todos los miembros se han quedado en el paro. La pregunta, entonces, es simple. ¿Cuánto tiempo se puede dilatar el pago de una factura doméstica sin convertirse en moroso? La respuesta, en cambio, es más compleja porque, como señalan desde el Instituto Nacional de Consumo (INC), no hay una norma general, ni un documento que regule los plazos de todos los servicios, ni un periodo estándar o único. Aun así, las condiciones pueden desglosarse por áreas de la siguiente manera:

Electricidad

El periodo para pagar la luz es de 20 días naturales, a partir de la fecha de emisión de la factura. En caso de que el último día sea sábado o festivo, el plazo vencerá en la primera jornada laborable que le siga.

Como en los demás servicios domésticos, el pago puede hacerse en las oficinas de la empresa suministradora, en una cuenta corriente habilitada a tales efectos, a través de un giro postal o mediante domiciliación bancaria. En este último caso, la compañía no podrá cargar el importe a la cuenta del usuario hasta que hayan pasado siete días naturales desde el envío de la factura.

Agua

Desde la fecha de emisión de la factura, el abonado tiene 15 días naturales para pagar la cantidad adeudada. Una vez transcurrido ese plazo, se concede una prórroga equivalente (es decir, otros 15 días) como límite para el pago voluntario. Si se vence este segundo periodo sin que el usuario haya saldado su deuda, los proveedores suspenderán el suministro.

Transcurrido un trimestre desde el momento de la suspensión sin que se haga efectivo el abono correspondiente, se declarará resuelto el contrato y se cancelarán definitivamente los servicios.

Gas

Según establece el Real Decreto 1434/2002 (que regula el suministro y los procedimientos de autorización de instalaciones de gas natural), para los consumidores de gas, el periodo de pago está establecido en 20 días naturales desde la emisión de la factura por parte de la empresa distribuidora. Al igual que en los demás servicios, si el último día del período de pago fuera sábado o festivo, éste vencerá el primer día laborable que le siga.

Teléfono

El plazo para abonar el importe de la factura del teléfono es de 15 días naturales a partir de la fecha de emisión del documento.

Por lo general, hay un periodo de prórroga que se extiende hasta alcanzar el mes. Si el retraso en el pago supera ese tiempo, la empresa procederá a la suspensión temporal del servicio (previa notificación al usuario). Esto implica que, mientras no se salde la deuda, sólo se podrán recibir llamadas y comunicarse con los servicios de emergencia.

Si transcurren dos meses desde la suspensión de la línea y el cliente continúa sin pagar, la empresa procederá a la suspensión definitiva del servicio.

Aunque entre los servicios mencionados existen diferencias, también hay similitudes. En líneas generales, puede decirse que el plazo para pagar una factura doméstica oscila entre los 15 y los 20 días naturales, y que las prórrogas sin consecuencias suelen extenderse hasta el mes. Sin embargo, puede haber particularidades derivadas de las empresas proveedoras o de los ayuntamientos, cuando se trata del agua. Por ello es recomendable -e importante- prestar atención a la información que se detalla en la factura. En primer lugar, a la fecha de emisión. Y luego, a la fecha de vencimiento (que también puede figurar como "fecha de cargo" cuando el pago es con domiciliación bancaria). Si los datos no son claros o no se encuentran con facilidad, lo más sencillo es comunicarse con el proveedor y preguntar de qué margen se dispone para abonar los importes mensuales una vez que se ha emitido la factura.

Las consecuencias

No abonar a tiempo las facturas conlleva consecuencias, que también varían según el tipo de suministro y la empresa, aunque hay coincidencias, como la suspensión del servicio y los cortes y recargos. En principio, tener una factura doméstica impagada acarrea la suspensión temporal del servicio para evitar que siga aumentando la deuda. De este modo, ante un cliente moroso, la compañía puede actuar cortando totalmente el suministro (cuando se trata del agua, la electricidad y el gas) o limitando la parte del servicio que genera gastos (en el caso del teléfono, por ejemplo, no se impide la recepción de llamadas pero sí su realización). Sea como fuere, el proveedor deberá notificar este paso al cliente antes de darlo. Si el usuario abona lo adeudado, todo vuelve a la normalidad.

¿Y si no? En este caso -y también previa notificación-, la suspensión temporal del servicio se transforma en corte definitivo. El ejemplo de las compañías telefónicas es muy claro: además de restringir las llamadas salientes, también cortan las entrantes, la recepción de mensajes y cualquier otro servicio, aunque sea de carácter gratuito. Normalmente, la medida no es inmediata, pues hay entre 60 y 90 días de margen. Pero, al igual que con los demás plazos, ese periodo de tolerancia puede variar según la compañía.

Más allá de los tiempos y de que la suspensión de cualquiera de estos servicios representará un verdadero escollo cotidiano para la familia afectada, hay un tercer aspecto que es importante recordar: el corte total de un servicio trae aparejados otros problemas que no se solucionan con sólo saldar la deuda. El más claro es que, para reanudar los suministros, el usuario tendrá que volver a darse de alta y abonar una nueva instalación, como si fuera a usar el servicio por primera vez. Y, cuando se trata del teléfono, además de pagar la cuota de rehabilitación, es posible que la compañía le asigne un número distinto al que tenía anteriormente, con todos los inconvenientes que eso acarrea. A propósito de gastos extra, también conviene tener presente que las deudas generan intereses y que, dependiendo de las cláusulas de cada contrato, las compañías pueden cobrar al cliente cargos o multas por impago. Ante la duda, lo mejor es revisar el documento que se ha firmado, consultar a la propia empresa o asesorarse con un letrado.

Juicios monitorios y embargos

Tras notificar al usuario su impago, suspender el servicio y cortarlo definitivamente, las compañías pueden recurrir a la Justicia para intentar cobrar lo que se les adeuda. En el caso de estas facturas, cuyos importes no son muy elevados, las empresas utilizan habitualmente los juicios monitorios, que constituyen un procedimiento ágil, rápido y menos litigante que otros, y que sólo puede utilizarse cuando la deuda es inferior a 30.000 euros.

De modo esquemático, la simplicidad del proceso alivia al acreedor de seguir un juicio plenario para intentar cobrar el dinero. Así, sin necesidad de un procurador o abogado, puede iniciar una vía judicial contra el deudor mediante un formulario muy simple en el que se especifica la cuantía de la deuda y la identidad del moroso. Si en un plazo de 20 días el demandado no se opone al requerimiento de pago, el juez dicta una resolución de carácter ejecutivo que basta para iniciar el embargo de sus bienes. La retención de bienes mediante sentencia judicial es la única forma que tienen los acreedores para recuperar lo que se les adeuda y, en general, lo primero que se embarga es el dinero de la cuenta corriente y la nómina, aunque en este último caso, siempre debe dejar al deudor una cantidad correspondiente al salario mínimo interprofesional para garantizar su subsistencia. De cualquier manera, el procedimiento discurre por la vía civil y jamás por la penal, ya que, según establece la ley, nadie puede terminar preso por deudas.

Conseguir que el banco no pase la factura de la luz o del gimnasio es muy sencillo. Basta con dar una orden a la sucursal para que no sea cargado el recibo correspondiente. Otras veces, incluso se puede lograr que la entidad no haga efectiva una factura con una simple gestión on line, por Internet.

Pasos que hay que seguir para la devolución de un recibo

Casi todos los usuarios bancarios tienen domiciliados sus recibos. De cualquier naturaleza, desde las facturas domésticas al pago del gimnasio, los cargos se reciben con periodicidad en la cuenta corriente y el abono se hace efectivo de forma automática, retirándose de la cuenta la cantidad requerida.

El problema surge cuando no se está conforme con el pago o una parte de él, no hay dinero en la cuenta ese mes, y no se quiere generar un descubierto o, sencillamente, hay un error en el documento.

Las soluciones para resolverlo son cada vez mayores y juegan a favor de los clientes, que recuperarán su dinero en pocos días. Además, les ampara el derecho a devolver los recibos, sin tener que justificar su actuación: no se necesita aportar ninguna prueba.

Las facturas serán devueltas de inmediato, con el único requisito de que esta operación se formalice en un plazo máximo de ocho semanas. Pasado este periodo, ya no habrá la posibilidad de devolverlo.

Además, para evitar futuras complicaciones, podrá solicitarse al banco que no se abonen más facturas a partir de este momento. De esta forma, se conseguirá que ya no sean cargadas en cuenta y no se tenga que repetir la operación.

¿Cómo devolver un recibo del banco por Internet?

La devolución de un recibo es un proceso que se puede gestionar on line, con comodidad desde el ordenador de casa, siempre que se tenga contratado el servicio de banca por Internet. Un solo clic basta para dar de baja un servicio que se tenía contratado.. Una vez listo, ya no se recibirán más facturas de esa empresa.

Peligros de devolver un recibo al banco

La devolución de los recibos domésticos puede crear más de un problema. El principal es ingresar en una lista de morosos (RAI o ASNEF), que dificultará la contratación de algunos productos en la entidad, entre ellos las vías de financiación como créditos e hipotecas.

Para evitar este y otros inconvenientes adicionales, es aconsejable agotar otras opciones antes de devolverlo. Entre ellas está cumplir con los requisitos necesarios para darse de baja en el servicio (enviar burofax, notificación por teléfono, etc.). Además, la devolución de una factura pone en riesgo que corten el servicio contratado en un breve espacio de tiempo.

Los recibos del hogar se pueden domiciliar, una operación que puede generar la devolución de entre el 1% y 3% de los gastos de las facturas. Esta posibilidad se extiende a casi todos servicios (agua, luz, gas, telefonía, etc.), por lo que es una práctica cada vez más habitual entre los bancos que emiten estos productos para fidelizar a los clientes.

Si bien los importes que pueden ahorrarse las familias no son muy espectaculares, sí que al menos sirven para contener las subidas que experimentan estos servicios todos los años. De todas formas, las entidades financieras han decidido implantar un tope máximo del que no podrá excederse bajo ningún concepto -está establecido en torno a 20 o 30 euros cada mes- y suele ir acompañado de otras ventajas complementarias, entre las que destaca la exención de comisiones y otros gastos en su gestión y mantenimiento.

ejar de pagar al operador de telefonía fija que suministra este servicio tiene una consecuencia casi inmediata: la suspensión temporal de la línea. Conocer cómo se deben comportar las empresas de telefonía en estos casos y qué plazos de tiempo manejan para hacerlo es determinante para que el cliente no se encuentre con la sorpresa de descolgar el teléfono y no encontrar el tono de llamada al otro lado del aparato.

La Comisión del Mercado de las Telecomunicaciones (CMT) es el organismo público que supervisa las obligaciones específicas que tienen que cumplir los operadores de telecomunicaciones, y elabora cada año un informe en el que, entre otras muchas cosas, se reflejan las cuotas de mercado de cada una de las empresas de telefonía fija que operan en el país. De entre las ocho principales operadoras que se reparten el mercado, cinco han facilitado el protocolo que emplean ante el impago de las facturas por parte de sus clientes.

Telefónica. Suspende la línea de teléfono un mes después de que la factura pendiente por liquidar no se haya abonado. Veinte días antes de que se proceda al corte temporal, envía por correo a sus clientes una carta en la que se les anuncia la situación de impago y las consecuencias que ello conlleva. Cinco días antes de efectuar la suspensión, se vuelve a avisar, esta vez mediante correo electrónico, de que la línea contratada será cortada temporalmente. Si el consumidor continúa sin liquidar los pagos pendientes con Telefónica en los dos meses siguientes a la fecha en la que el corte temporal se produce, la empresa anula la línea. Durante este periodo de tiempo, unos tres meses si se cuenta desde el momento en el que el impago tiene lugar, el teléfono fijo está suspendido y solamente es válido para recibir llamadas, excepto las de cobro revertido.

La suspensión temporal del servicio tiene lugar un mes después de que se produzca el impago

Para restaurar la línea, el titular deberá abonar las cantidades que debe. Si liquida el pago dentro de los dos meses de suspensión, la reanudación del servicio es inmediata si el abono se realiza con una tarjeta de crédito; si por el contrario se efectúa a través del banco o ventanilla, la línea se restaura en 24 horas.

Jazztel. De forma muy similar a Telefónica actúa Jazztel. Cuando una de sus facturas es devuelta, envían al titular de la línea una carta recordándole que debe efectuar el abono de la misma. Si no se produce, quince días después se repite la operación pero se le notifica que será privado de forma temporal del servicio. Pasados 60 días, Jazztel lo suspende definitivamente. Al igual que en el caso de Telefónica, durante ese tiempo la línea se interrumpe pero se pueden recibir llamadas y marcar los números de teléfono de emergencia. Si el titular de la línea liquida las cantidades pendientes en ese plazo de tiempo, el servicio se restaura en las 24 horas siguientes. Transcurridos dos meses desde la suspensión de la línea sin que se haya producido el pago, el operador podrá interrumpir definitivamente el servicio, por lo que si se desea rehabilitar habrá que volver a darse de alta.

Euskaltel. Procede a la interrupción de su servicio de telefonía fija pasado un mes desde la presentación del documento de cargo, previo aviso indicando la fecha en la que tendrá lugar la suspensión. En una de las cláusulas del contrato de telefonía fija que Euskaltel firma con sus clientes, se establece que en caso de impago del titular éste tiene la obligación de pagar intereses de demora. La cuantía se calcula desde la fecha en la que el pago debió realizarse, y el interés que se aplica es el legal del dinero más dos puntos porcentuales. En este punto, la empresa señala que en caso de que sus clientes tengan derecho al reintegro de alguna cantidad, como consecuencia de una reclamación, se aplicará el mismo interés de demora.

Telecable. La empresa maneja exactamente los mismos plazos de tiempo para la suspensión temporal de la línea y la posterior interrupción definitiva que el resto de operadoras consultadas. Lo único que varía es que esta compañía informa a sus clientes del corte temporal del servicio de telefonía y del momento en que será efectivo, por medio de correo certificado y con un mínimo 15 días de antelación. Al igual que las otras, en el tiempo en que la línea de Telecable queda suspendida, se mantiene el servicio de llamadas entrantes y salientes de urgencia.

Orange.

Orange Telefonía Fija, que no ha proporcionado plazos de tiempo en los que procede a cortar la línea, deriva la reclamación de los impagos a plataformas "call center" especializadas en el cobro. Esto es, a través de llamadas telefónicas se le recuerda al titular del servicio la deuda pendiente y las consecuencias que deberá asumir si no la liquida. Pasados 90 días desde el primer impago, Orange Telefonía Fija pasa la deuda a una agencia especializada en el cobro de impagados.

Qué puedo hacer ante el corte de línea

Comprobar que la compañía telefónica ha hecho llegar un aviso en el que se notifica la situación de impago y se avisa de la suspensión temporal del servicio.

Si no se ha avisado al titular, éste debe presentar una reclamación en el servicio de atención al cliente de su operador. El plazo para mostrarla es de un mes desde la fecha en la que se produjo la suspensión.

En caso de reclamación, el operador tomará nota de ella y estará obligado a facilitar un número de referencia para que el abonado pueda hacer un seguimiento de la incidencia. El plazo que tiene para resolverla es de un mes desde la presentación de la queja.

Si, por el contrario, la operadora avisó de lo que iba a suceder, no hay otra solución que la de abonar las cantidades pendientes. Hay dos meses para hacerlo antes de que la línea se corte definitivamente; si la deuda se liquida dentro de este plazo, el servicio se reanuda en 24 horas.

Puede ser que el usuario decidiera devolver la factura al banco porque la cantidad le pareciera excesiva o porque se hubieran cobrado servicios adicionales que desconocía hasta el momento. En ese caso, tiene derecho a no pagarlos, pero de todos modos debe reclamar en el departamento de atención al cliente del operador.

¿Qué dice la norma?

Más allá de la operadora que se tenga contratada, hay un marco legal común que todas ellas deben cumplir. El Real Decreto 424/2005 aprobó el Reglamento sobre las condiciones para la prestación de servicios de comunicaciones electrónicas, el servicio universal y la protección de datos, que es el que regula el corte de la línea de teléfono fijo si su titular no abone las facturas correspondientes.

En concreto, los artículos 118 y 119 del Reglamento son los que fijan los plazos de tiempo para proceder en primer lugar, a la suspensión temporal del servicio -un mes después de que se produzca el impago- y finalmente a la interrupción definitiva de la línea -tres meses después de la primera factura devuelta-. Eso sí, el Reglamento establece que la empresa de telefonía fija debe avisar con anterioridad a su cliente de que la suspensión de la línea va a tener lugar. Además de esto, el artículo 118 es especialmente importante pues es el que aclara qué sucede si el titular de la línea decide devolver una factura al no estar de acuerdo con los servicios de tarificación adicional aplicados en la misma.

Tarificación adicional, no hay por qué pagarla

Los servicios de tarificación adicional son aquellos que, a través de una llamada telefónica o de una conexión a Internet, mediante un determinado prefijo (803, 806, 807 y 907) conllevan una retribución por la prestación de unos servicios de información o entretenimiento y, en consecuencia, repercuten a los usuarios un coste adicional aparte del coste de la propia llamada.

Si se llama a estos números, antes de iniciarse la conexión al servicio se debe escuchar una locución de aviso que explique el precio máximo por minuto de cada llamada, tanto si ésta se hace desde un teléfono fijo como si es desde un móvil, así como el tipo de servicio de tarificación adicional al que se va a acceder.

Las tarifas de estos servicios acostumbran a ser muy elevadas y, si no se controlan, los consumidores pueden encontrarse con una desagradable sorpresa al recibir la factura telefónica. De hecho, el precio por minuto de las llamadas realizadas desde un teléfono fijo a uno de estos números oscila entre los 0,35 euros, en el tramo más barato, y 3,45 euros en el tramo más caro. Por ello, el artículo 118 del Reglamento establece que si el abonado no está de acuerdo con las cantidades facturadas por las llamadas a Internet o a los prefijos 803-806-807 y 907, y por tanto decide no pagar la parte correspondiente a tales servicios, sólo dará lugar a la inhabilitación de esos números concretos, pero no al corte del servicio telefónico.

No estoy de acuerdo con la factura: reclamaciones

Cuando se está en desacuerdo con el importe reclamado en una factura, el titular de la línea debe presentar una reclamación que recoja su queja. En primera instancia, el usuario tiene que dirigirse al departamento o servicio especializado de atención al cliente de su operador, en el plazo de un mes desde el momento en que se tenga conocimiento del hecho que la motive; al ser una reclamación en la facturación, desde la fecha de recepción de la factura. Por su parte, el operador está obligado a hacerle llegar un documento que acredite la presentación y el contenido de la queja.

Si en el plazo de un mes el usuario no hubiera recibido respuesta del operador o la respuesta no le satisface, podrá acudir a otras vías. Por un lado, están las Juntas Arbitrales de Consumo; se puede reclamar en ellas tanto si se tiene conocimiento de que el operador se encuentra previamente sometido a ellas como si no, aunque lo más probable es que si no lo estaba previamente tampoco se someta en esta ocasión. Es un trámite rápido, sencillo, gratuito y voluntario para las partes. Si el operador no se somete a Juntas, el consumidor debe dirigirse a la Oficina de Atención al Usuario de Telecomunicaciones del Ministerio de Industria, Turismo y Comercio.

El Real Decreto 424/2005, de 15 de abril, por el que se aprueba el Reglamento sobre las condiciones para la prestación de servicios de comunicaciones electrónicas, el servicio universal y la protección de los usuarios dispone:

CAPÍTULO II

Contratos

Artículo 105. Contratos para el acceso a la red de telefonía pública.

1. Los consumidores que sean personas físicas y otros usuarios finales tendrán derecho a celebrar contratos con los operadores que faciliten la conexión o el acceso a la red de telefonía pública. A la formalización del contrato

le será de aplicación la normativa general sobre protección de los consumidores y usuarios.

2. Los contratos a los que se refiere el apartado anterior precisarán, como mínimo, los siguientes aspectos:

a) El nombre o razón social del operador y el domicilio de su sede o establecimiento principal.

b) El teléfono de atención al cliente.

c) Las características del servicio ofrecido, con indicación del plazo de la conexión inicial, la descripción de cada una de las prestaciones incluidas en el contrato, con la indicación de qué conceptos se incluyen respectivamente en la cuota de abono y, en su caso, en otras cuotas. Asimismo, figurará el derecho de desconexión, en su caso, y su modo de ejercicio, en los supuestos del artículo 113.

d) Los niveles individuales de calidad de servicio que el operador se compromete a ofrecer y los supuestos en que su incumplimiento dé derecho a exigir una indemnización, así como su método de cálculo. A tales efectos, los operadores deberán utilizar los parámetros y métodos de medida que, en su caso, determine el Ministerio de Industria, Turismo y Comercio.

e) Precios y otras condiciones económicas de los servicios. Esta información comprenderá los datos relativos a los precios y tarifas que se aplican y las modalidades de obtención de información actualizada sobre las tarifas aplicables.

f) Período contractual, indicando, en su caso, la existencia de plazos mínimos de contratación y de renovación.

g) Política de compensaciones y reembolsos, con indicación de los mecanismos de indemnización o reembolso ofrecidos, así el método de determinación de su importe.

h) Tipos de servicio de mantenimiento ofrecido.

i) Procedimientos de resolución de litigios de entre los previstos en el artículo 104, con inclusión, en su caso, de los que haya creado el propio operador.

j) Causas y formas de extinción y renovación del contrato de abono. El contrato se extinguirá por las causas generales de extinción de los contratos y, especialmente, por voluntad del abonado, comunicándolo previamente al prestador del servicio con una antelación mínima de 15 días naturales al momento en que ha de surtir efectos.

k) Dirección de la oficina comercial del operador, dirección postal y electrónica del departamento o servicio especializado de atención al cliente a que se refiere el apartado 1 del artículo anterior, teléfonos propios del operador y, en su caso, página web, a efectos de la presentación de quejas, reclamaciones y peticiones por parte del abonado, especificando un procedimiento sencillo y gratuito y sin cargos adicionales, que permita la presentación de las mismas y su acreditación.

l) Reconocimiento del derecho a la elección del medio de pago entre los comúnmente utilizados en el tráfico comercial.

m) Información referida al tratamiento de los datos de carácter personal del cliente, en los términos exigidos por la legislación vigente en materia de protección de datos.

n) Información al cliente en los supuestos y con el contenido exigido por las disposiciones del capítulo I del título V de este reglamento, cuando proceda.

3. Los consumidores que sean personas físicas y otros usuarios finales que se adhieran a modalidades contractuales de prepago tendrán derecho a que el contenido mínimo previsto en el artículo anterior conste en las condiciones generales y particulares que les sean de aplicación.

4. El operador se abstendrá de facturar y cobrar cualquier cantidad que se haya podido devengar, por causa no imputable al usuario, con posterioridad al plazo de 15 días en que debió surtir efectos la baja.

El procedimiento habilitado por el operador para que el consumidor haga uso de este derecho se ajustará a lo previsto en el artículo 104, garantizando en todo caso al usuario la constancia del contenido de su solicitud de baja en el servicio.

Sin perjuicio de las obligaciones del operador previstas en los artículos 118 y 119, instada por el usuario la resolución por incumplimiento contractual, la eficacia de este requerimiento será inmediata, absteniéndose las partes de reclamarse las obligaciones recíprocas derivadas del contrato que se generen con posterioridad a la fecha del requerimiento, en tanto no se resuelva la reclamación por incumplimiento que debe formular el consumidor, conforme a los procedimientos previstos en el artículo 104.

Artículo 106. Otros contratos.

1. La celebración de contratos entre consumidores que sean personas físicas u otros usuarios finales y operadores que no sean los que facilitan conexión a la red telefónica pública se regirá por las normas específicas aplicables, en especial las de defensa de los consumidores y usuarios y de ordenación del comercio minorista.

2. En todo caso, el contenido de los contratos a que hace referencia el apartado anterior deberá reunir los requisitos establecidos en el apartado 2 del artículo anterior.

Artículo 107. Modificaciones contractuales.

Cualquier propuesta de modificación de las condiciones contractuales, incluidas las mencionadas en el artículo 105.2, deberá ser comunicada al abonado con una antelación mínima de un mes, en la que se informará, al mismo tiempo, del derecho del abonado a resolver anticipadamente el contrato sin penalización alguna en caso de no aceptación de las nuevas condiciones.

Artículo 108. Aprobación y notificación de contratos.

1. La Secretaría de Estado de Telecomunicaciones y para la Sociedad de la Información aprobará, previo informe de la Comisión del Mercado de las Telecomunicaciones, de la Agencia Española de Protección de Datos y del Instituto Nacional del Consumo, y con audiencia de las asociaciones de consumidores y usuarios, a través del Consejo de Consumidores y Usuarios, con carácter previo a su utilización, los modelos de contrato-tipo relativos a la prestación de servicios de comunicaciones electrónicas que estén sujetos a obligaciones de servicio público. Estos contratos respetarán los niveles mínimos de calidad que, en su caso, se establezcan.

2. La Secretaría de Estado de Telecomunicaciones y para la Sociedad de la Información podrá aprobar con carácter previo a su utilización los modelos de contrato-tipo relativos a la prestación de servicios con tarifas superiores, y establecerá, en su caso, las condiciones imperativas aplicables. A los efectos de este reglamento, tendrán la consideración de servicios de tarifas superiores los servicios de tarificación adicional y otros que hayan sido declarados como tales por resolución de la Secretaría de Estado de Telecomunicaciones y para la Sociedad de la Información, en razón de la existencia de

una facturación superior al coste del servicio de comunicaciones electrónicas y en interés de una especial protección de los derechos de los usuarios.

3. Los modelos de contrato-tipo con usuarios que presten servicios de tarificación adicional serán aprobados por la Secretaría de Estado de Telecomunicaciones y para la Sociedad de la Información, previo informe de la Comisión de supervisión de los servicios de tarificación adicional, de la Agencia Española de Protección de Datos, del Consejo de Consumidores y Usuarios y de la Comisión del Mercado de las Telecomunicaciones.

Mediante orden del Ministro de la Presidencia, a propuesta de los Ministros de Industria, Turismo y Comercio y de Sanidad y Consumo, se regulará la prestación de los servicios de tarificación adicional, su sujeción a un código de conducta, así como la composición y funcionamiento de la Comisión de supervisión de servicios de tarificación adicional.

4. Los contratos-tipo distintos a los mencionados en el apartado anterior y sus actualizaciones y modificaciones deberán ser comunicados al Ministerio de Industria, Turismo y Comercio.

CAPÍTULO III

Derechos y obligaciones de transparencia, información y calidad

Artículo 109. Transparencia y publicación de información.

1. Los operadores que presten servicios de comunicaciones electrónicas remitirán los contratos a los que se hace referencia en los artículos anteriores y sus modificaciones, con al menos 10 días de antelación a su entrada en vigor, al Ministerio de Industria, Turismo y Comercio, a la Comisión del Mercado de las Telecomunicaciones, al Instituto Nacional del Consumo, a la Agencia Española de Protección de Datos y al Consejo de Consumidores y Usuarios. Este último organismo la pondrá a disposición de las asociaciones de consumidores y usuarios integradas en él.

2. Los operadores facilitarán la información sobre el contenido mínimo de los contratos en su página de Internet, por escrito, si así lo solicita un consumidor que sea persona física u otro usuario final, que no deberá afrontar gasto alguno por su recepción, y en el teléfono de atención al público, cuyas llamadas tendrán el coste máximo del precio ordinario del servicio de telecomunicaciones sin recargo.

3. Asimismo, los operadores que presten el servicio telefónico disponible al público facilitarán, por los medios establecidos en el apartado anterior, la siguiente información:

a) Su nombre o razón social y el domicilio de su sede o establecimiento principal.

b) En relación con el servicio telefónico disponible al público que prestan:

1.º Descripción de los servicios ofrecidos, indicando lo que se incluye en la cuota de alta, en la cuota de abono y en otras cuotas de facturación periódica.

2.º Tarifas generales que incluyan la cuota de acceso y todo tipo de cuota de utilización y mantenimiento, con inclusión de información detallada sobre reducciones y tarifas especiales y moduladas.

3.º Política de compensaciones y reembolsos, con detalles concretos de los mecanismos de indemnización y reembolso ofrecidos.

4.º Tipos de servicios de mantenimiento ofrecidos.

5.º Condiciones normales de contratación, incluido el plazo mínimo, en su caso.

c) Procedimientos de resolución de conflictos, con inclusión de los creados por el propio operador.

d) Información, en su caso, acerca de los derechos en relación con el servicio universal, incluidas las facilidades y servicios citados en el artículo 35.

4. Los operadores a los que se refiere el artículo 71.1 deberán comunicar la información relativa a la prestación de las facilidades a que se refiere dicho artículo a las entidades citadas en el apartado 1 de este artículo, así como facilitar dicha información por los medios indicados en el apartado 2.

Artículo 110. Obligaciones sobre calidad y facturación.

1. Los operadores que presten servicios de comunicaciones electrónicas publicarán información detallada, comparable, pertinente, fácilmente accesible y actualizada sobre la calidad de los servicios que presten, tanto de la ofertada como de la efectivamente conseguida. Los parámetros y métodos para su medición deberán estar disponibles para los consumidores que sean personas físicas y otros usuarios finales.

A tales efectos, el Ministerio de Industria, Turismo y Comercio podrá especificar, mediante orden, entre otros elementos, los parámetros de calidad de servicio que habrán de cuantificarse, así como el contenido y formato de la información que deberá hacerse pública, las modalidades de su publicación y las condiciones orientadas a garantizar la fiabilidad y la posibilidad de comparación de los datos, incluida la realización anual de auditorías.

2. Los prestadores de servicios de comunicaciones electrónicas disponibles al público deberán facilitar al Ministerio de Industria, Turismo y Comercio, previa petición, la información de calidad de servicio que le requiera para la publicación de síntesis comparativas y para el control y seguimiento de las condiciones de prestación de los servicios y de las obligaciones de carácter público. Dicha información se deberá referir a los parámetros establecidos por la orden ministerial a la que se refiere el apartado anterior. Adicionalmente se podrá establecer la obligación de informar sin necesidad de petición previa cuando se produzcan degradaciones importantes de la calidad de servicio, en los términos que allí se establezcan.

3. Mediante orden ministerial podrán establecerse, asimismo, mecanismos para garantizar la exactitud de la facturación realizada, que podrán incluir, en particular, la

necesidad de que determinadas categorías de operadores, como aquellos que prestan servicio con tarificación en función de la duración de la conexión, del volumen de información o de la distancia, tengan que acreditar que sus sistemas de medida, de tarificación y de gestión de la facturación cumplan con normas de aseguramiento de la calidad como las de la familia ISO 9000.

Artículo 111. Modificación de ofertas.

La modificación de ofertas publicitarias se regirá por la normativa específica aplicable y, en todo caso, deberá publicarse en términos similares a la oferta original y notificarse a los usuarios finales afectados.

CAPÍTULO IV

Derechos en relación con el servicio telefónico disponible al público

Artículo 112. Facturación del servicio telefónico.

Los consumidores que sean personas físicas y otros usuarios finales tendrán derecho a que los operadores del servicio telefónico disponible al público les presenten facturas por los cargos en que hayan incurrido. Las facturas deben contener de forma obligatoria y debidamente diferenciados los conceptos de precios que se tarifican por los servicios que se prestan. Los usuarios tendrán derecho a obtener, a su solicitud, facturas independientes para los servicios de tarificación adicional y otros servicios de tarifas superiores y a las garantías sobre estos servicios que se establezcan por orden ministerial. Asimismo, tendrán derecho a obtener facturación detallada, con el desglose que se establezca mediante orden ministerial, sin perjuicio del derecho de los abonados a no recibir facturas desglosadas, al que se refiere el artículo 66.

Artículo 113. Derecho de desconexión de determinados servicios.

1. Los operadores que presten el servicio telefónico disponible al público deberán garantizar a sus abonados el derecho a la desconexión de determinados servicios, entre los que se incluirá, al menos, el de llamadas internacionales y el de llamadas a servicios de tarifas superiores, en especial, a servicios de tarificación adicional.

2. Los operadores que presten el servicio telefónico disponible al público regularán en sus correspondientes contratos de abono la forma de ejercicio del derecho de

desconexión. A estos efectos, el abonado comunicará al operador, su intención de desconectarse de determinados servicios. El operador habrá de proceder a dicha desconexión como máximo en el plazo de 10 días desde la recepción de la comunicación del abonado. En caso de que dicha desconexión no se produjera tras esos 10 días, por causas no imputables al abonado, serán de cargo del operador los costes derivados del servicio cuya desconexión se solicita.

3. Las facturas o documentos de cargo que se emitan por los operadores que presten el servicio telefónico disponible al público para el cobro de los servicios prestados deberán reflejar, de manera adecuada para ser percibido claramente por el abonado, el derecho de desconexión establecido en este artículo. Los términos y la periodicidad en que dicha obligación deberá ser llevada a cabo podrán ser concretados mediante resolución de la Secretaría de Estado de Telecomunicaciones y para la Sociedad de la Información, previo informe del Instituto Nacional del Consumo y, en el caso de los servicios de tarificación adicional, de la Comisión de supervisión de servicios de tarificación adicional.

Artículo 114. Conservación de los números telefónicos por los abonados.

Los abonados al servicio telefónico disponible al público tendrán derecho a conservar, previa solicitud, los números que les hayan sido asignados en los términos establecidos en el Reglamento de desarrollo de la Ley General de Telecomunicaciones en materia de interconexión y numeración.

Artículo 115. Derecho a indemnización por la interrupción temporal del servicio telefónico disponible al público.

1. Cuando, durante un período de facturación, un abonado sufra interrupciones temporales del servicio telefónico disponible al público, el operador deberá indemnizar con una cantidad que será, al menos, igual a la mayor de las dos siguientes:

a) El promedio del importe facturado por todos los servicios interrumpidos durante los tres meses anteriores a la interrupción, prorrateado por el tiempo que haya durado la interrupción. En caso de una antigüedad inferior a tres meses, se considerará el importe de la factura media en las mensualidades completas efectuadas o la que se hubiese obtenido en una mensualidad estimada de forma proporcional al período de consumo efectivo realizado.

b) Cinco veces la cuota mensual de abono vigente en el momento de la interrupción, prorrateado por el tiempo de duración de ésta.

El operador estará obligado a indemnizar automáticamente al abonado, en la factura correspondiente al período inmediato al considerado cuando la interrupción del servicio suponga el derecho a una indemnización por importe superior a 1 euro.

En interrupciones por causas de fuerza mayor, el operador se limitará a compensar automáticamente al abonado con la devolución del importe de la cuota de abono y otras independientes del tráfico, prorrateado por el tiempo que hubiera durado la interrupción.

El contrato de abono del servicio telefónico deberá recoger los términos y condiciones en que se dará cumplimiento a esta obligación.

2. No será de aplicación lo dispuesto en el apartado anterior cuando la interrupción temporal esté motivada por alguna de las causas siguientes:

a) Incumplimiento grave por los abonados de las condiciones contractuales, en especial en caso de fraude o mora en el pago que dará lugar a la aplicación de la suspensión temporal e interrupción de los artículos 118 y 119, respectivamente. En todo caso, la suspensión temporal o interrupción afectará únicamente al servicio en el que se hubiera producido el fraude o mora en el pago.

b) Por los daños producidos en la red debido a la conexión por el abonado de equipos terminales que no hayan evaluado la conformidad, de acuerdo con la normativa vigente.

c) Incumplimiento del código de conducta por parte de un usuario que preste servicios de tarificación adicional, cuando la titularidad del contrato de abono corresponda a este último.

Artículo 116. Regulación de determinados aspectos del servicio telefónico disponible al público.

La regulación de los depósitos de garantía, de la suspensión temporal del servicio telefónico y de la interrupción definitiva del servicio telefónico se regirá por lo dispuesto en los artículos 117 a 119 para el servicio telefónico disponible al público desde una ubicación fija.

En los restantes supuestos dichos aspectos se regirán por lo dispuesto en los correspondientes contratos de abono o de prepago con sujeción a lo previsto en el capítulo II de este título.

Artículo 117. Depósitos de garantía.

1. Los operadores únicamente podrán exigir a los abonados al servicio telefónico disponible al público desde una ubicación fija la constitución de un depósito de garantía, tanto en el momento de contratar como durante la vigencia del contrato, en los siguientes supuestos:

a) En los contratos de abono al servicio telefónico disponible al público desde una ubicación fija solicitado por personas físicas o jurídicas que sean o hayan sido con anterioridad abonados al servicio y hubieran dejado impagados uno o varios recibos, en tanto subsista la morosidad.

b) En los contratos de abono al servicio telefónico disponible al público desde una ubicación fija cuyos titulares tuvieran contraídas deudas por otro u otros contratos de abono, vigentes o no en ese momento, o bien que de modo reiterado se retrasen en el pago de los recibos correspondientes.

c) Para los abonados al servicio telefónico disponible al público desde una ubicación fija titulares de líneas que dan servicio a equipos terminales de uso público para su explotación por terceros en establecimientos públicos.

d) En los contratos de abono cuyos titulares presten servicios de tarificación adicional.

e) En aquellos supuestos en que excepcionalmente lo autorice la Secretaría de Estado de Telecomunicaciones y para la Sociedad de la Información, a petición de los operadores, en casos de existencia de fraude o tipos de fraude detectados de modo cierto y para asegurar el cumplimiento del contrato por los usuarios finales.

2. La cuantía de los depósitos, su duración, el procedimiento para su constitución y si serán remunerados o no se determinará mediante orden ministerial.

Artículo 118. Suspensión temporal del servicio telefónico disponible al público desde una ubicación fija.

1. El retraso en el pago total o parcial por el abonado durante un período superior a un mes desde la presentación a éste del documento de cargo correspondiente a la facturación del servicio telefónico

disponible al público desde una ubicación fija podrá dar lugar, previo aviso al abonado, a su suspensión temporal. El impago del cargo por los servicios de acceso a Internet o de servicios de tarifas superiores, en especial del servicio de tarificación adicional, sólo dará lugar a la suspensión de tales servicios.

2. En el supuesto de suspensión temporal del servicio telefónico por impago, éste deberá ser mantenido para todas las llamadas entrantes, excepto las de cobro revertido, y las llamadas salientes de urgencias.

3. El abonado tiene derecho a solicitar y obtener del operador del servicio la suspensión temporal de éste por un período determinado que no será menor de un mes ni superior a tres meses. El período no podrá exceder, en ningún caso, de 90 días por año natural. En caso de suspensión, se deducirá de la cuota de abono la mitad del importe proporcional correspondiente al tiempo al que afecte.

Artículo 119. Interrupción definitiva del servicio telefónico disponible al público desde una ubicación fija.

1. El retraso en el pago del servicio telefónico disponible al público desde una ubicación fija por un período superior a tres meses o la suspensión temporal, en dos

ocasiones, del contrato por mora en el pago de los servicios correspondientes dará derecho al operador, previo aviso al abonado, a la interrupción definitiva del servicio y a la correspondiente resolución del contrato.

2. Las condiciones en que puede efectuarse la suspensión o interrupción del servicio en los supuestos previstos tanto en este artículo como en el anterior serán fijados por orden ministerial. En la misma orden se regulará el procedimiento a seguir para la suspensión o interrupción.

CAPÍTULO V

Derechos en relación con el servicio de acceso a Internet

Artículo 120. Derecho a compensación por la interrupción temporal del servicio de acceso a Internet.

1. Cuando, durante un período de facturación, un abonado sufra interrupciones temporales del servicio de acceso a Internet, el operador deberá compensar al abonado con la devolución del importe de la cuota de abono y otras cuotas fijas, prorrateadas por el tiempo que hubiera durado la interrupción. A estos efectos, el operador estará obligado a indemnizar automáticamente al abonado, en la factura correspondiente al período

inmediato al considerado, cuando la interrupción del servicio suponga el derecho a una compensación por importe superior a 1 euro.

El contrato de abono del servicio de acceso a Internet deberá recoger los términos y condiciones en que se dará cumplimiento a esta obligación.

2. No será de aplicación lo dispuesto en el apartado anterior cuando la interrupción temporal esté motivada por alguna de las causas siguientes:

a) Incumplimiento grave por los abonados de las condiciones contractuales.

b) Daños producidos en la red debido a la conexión por el abonado de equipos terminales que no hayan evaluado la conformidad, de acuerdo con la normativa vigente.

3. A los efectos del derecho a indemnización o compensación por la interrupción del servicio, y para la determinación de su cuantía, cuando un operador incluya en su oferta la posibilidad de contratar conjuntamente servicios de telefonía fija e Internet, podrá indicar en su oferta la parte del precio que corresponde a cada servicio. De no hacerlo, se considerará el que el precio

de cada uno es el proporcional al de su contratación por separado. Si el operador no comercializara los servicios por separado, se considerará que el precio de cada uno es el del 50 por ciento del precio total.

4. La compensación prevista en este artículo se entiende sin perjuicio de la responsabilidad por daños que se produzcan a los usuarios finales, que se exigirá conforme a lo previsto en el artículo 102.3 de este Reglamento.

Tema 8. Situaciones pre-morosas

El endeudamiento de las familias españolas se ha duplicado en la última década. El hábito de recurrir a los créditos hipotecarios o de consumo se ha instalado en nuestra sociedad y esta fórmula de financiación resulta cada vez más común, no sólo para adquirir una vivienda o un automóvil, sino también un electrodoméstico o un paquete turístico.

Las preguntas más habituales

¿Qué es el sobreendeudamiento? Es la situación en que se encuentra el ciudadano o familia que ha contraído deudas en exceso y no puede hacer frente a todas. Su pasivo supera su activo, no puede pagar y se convierte en insolvente.

¿Qué factores desencadenan el sobreendeudamiento? El Banco de España apunta tres factores decisivos como causantes del sobreendeudamiento familiar: el incremento en el precio del suelo y la vivienda - principal responsable del alto nivel de riesgo y vulnerabilidad que están soportando las economías domésticas -, la reducción de los tipos de interés bancarios y la falsa confianza de los consumidores en su estabilidad laboral.

¿Qué otras causas influyen? Las causas inmediatas del sobreendeudamiento de los consumidores son dos: la asunción excesiva de deudas (sobreendeudamiento activo) y la incapacidad sobrevenida de hacer frente a los créditos por causas imprevistas (sobreendeudamiento pasivo).

El sobreendeudamiento activo puede originarse por descontrol del presupuesto, por gastos imprevistos, por la utilización irracional de las tarjetas de crédito o por disfrutar de uno o varios créditos, sin haber estudiado con anterioridad la situación financiera personal del momento o la previsible durante la vigencia del crédito. El sobreendeudamiento pasivo suele deberse a una disminución de los ingresos, motivada por el desempleo, la enfermedad o el fallecimiento de uno de los cónyuges, abandono del empleo de la mujer para cuidar de los hijos o las sanciones tributarias, etc. Eurozona.

¿Cómo podemos saber nuestro límite de endeudamiento? Los expertos consideran que no debe destinarse al pago de deudas más del 20% de los ingresos. Este porcentaje puede ser menor (entre un 12% y un 15%, como máximo), en función del nivel de vida de la zona en la que se resida, el precio de los alquileres, de los gastos de alimentación y de otros gastos fijos. Además, en caso de contraer deudas de larga duración, como la compra de un piso, hay que considerar no sólo la situación financiera en el momento de contraer la deuda sino la previsible durante el tiempo que va a durar. Se considera que alguien está sobreendeudado cuando el volumen de su deuda es tres veces superior a su renta cuando el total de la deuda supera el 75% del patrimonio neto del hogar; o cuando el peso de la carga de su deuda supera el 40% de su renta anual.

¿Estamos protegidos los consumidores? Hasta la fecha, ni la Ley española del Crédito al Consumo de 1995 - adaptación de la directiva europea de 1987- ni las nuevas propuestas europeas tienen en cuenta el tratamiento curativo del sobreendeudamiento. En un país en el que un 72% de los ciudadanos se ha beneficiado alguna vez de un crédito sigue sin haber una ley específica que proteja a las familias del sobreendeudamiento. En Francia, por ejemplo, los tribunales pueden cambiar las condiciones de devolución del préstamo en caso de dificultades financieras del consumidor.

Sólo la Ley 7/95 de Crédito al Consumo contempla medidas preventivas, centradas sobre todo en la oferta, publicidad y en el contenido exigible de los contratos. Además, la Ley 28/98 de Venta a Plazos de Bienes Muebles permite o faculta a los jueces para señalar nuevos plazos o alterar los convenidos determinando en su caso los recargos en el precio por los nuevos aplazamientos de pagos. No obstante, esta facultad excepcional de los jueves requiere de una justa causa, como el desempleo, la larga enfermedad, las desgracias familiares o los accidentes de trabajo.

¿Qué ocurre si la deuda da lugar al embargo de los bienes? La Ley de Enjuiciamiento Civil declara inembargables las rentas mínimas, prohibiendo el embargo de sueldos, salarios y pensiones inferiores al salario mínimo profesional. No obstante, una vez que estos ingresos se encuentran en una cuenta corriente pasan a ser saldos positivos y pueden llegar a ser embargados.

¿Qué porcentaje del sueldo puede ser embargado? Pueden ser embargados los salarios o pensiones que sean superiores al Salario Mínimo Interprofesional (SMI) teniendo en cuenta la siguiente escala:

La cantidad que exceda del doble del SMI, en un 30%

La cantidad que exceda del triple del SMI, un 50%

Lo que exceda hasta cuatro veces del SMI, el 60%

Lo que exceda hasta cinco veces del SMI, el 75 %

Lo que exceda hasta más de cinco veces del SMI, el 90%

Los jueces podrán, en atención a las cargas familiares, rebajar entre un 10% y un 15 % los anteriores porcentajes.

¿Qué ocurre en otros países? En Francia, por ejemplo, se aprobó una ley en 1989 que contempla las dificultades del consumidor sobreendeudado. Dicha ley, además de prevenir y prohibir ciertas conductas de las entidades de crédito, instaura un procedimiento para arreglar la situación de desatención de pagos, estableciendo dos procedimientos que se asemejan a una especie de quiebra civil. La primera vía de solución es amistosa, en caso de no alcanzar un acuerdo con los acreedores, entra el juicio universal, con carácter subsidiario. En este juicio el tribunal puede, entre otras cosas, paralizar los embargos y establecer como solución final una reducción de los intereses o de los tipos de interés e incluso del principal y/o señalar nuevos plazos para pagar.

En Bélgica hay un procedimiento para todas las personas físicas no comerciantes que no puedan pagar sus deudas vencidas o a punto de vencer, que también ampara a las personas que a la vista de sus deudas e ingresos prevén llegar a esta situación. El consumidor belga puede presentar una solicitud ante el Juez de Embargos de su domicilio y será ayudado por un mediador de deudas que negociará con los acreedores. Si todos los acreedores aceptan el plan, el mediador somete el plan al juez quien levanta acta del acuerdo de las partes. Si no se alcanza un acuerdo amistoso, el juez decidirá entre reducir los tipos de interés, escalonar la deuda, aplazar momentáneamente el pago de una deuda, pedir al consumidor la mudanza a un piso más barato

Una sentencia pionera

En España muchos sectores sociales y profesionales están a la espera de medidas legales en materia de sobreendeudamiento. Quizás por ello tuvo gran eco un auto del juzgado de primera instancia nº 3 de Barcelona, de 29 de diciembre de 2004, en el que se declaraba la suspensión de pagos de un matrimonio insolvente, acogiéndose a la Ley Concursal de 2003. El juzgado llamó a los acreedores del matrimonio para que comunicaran las deudas pendientes y nombró a un auditor para administrar la citada suspensión. Se trataba de negociar un convenio con los acreedores para determinar en qué cuantías y plazos se abonarían las deudas, pero con una reserva de los ingresos del matrimonio para alimentos. Además, según la sentencia, no se podrán iniciar ejecuciones o embargos ni seguirse apremios administrativos o tributarios contra el patrimonio de los deudores. Se trata de una medida similar a la que se aplica a las empresas con dificultades económicas, si bien el juzgado no admitió la suspensión un procedimiento judicial hipotecario contra su vivienda habitual por no ser un bien afecto a actividades profesionales. Por ello, hay quien interpreta que esta Ley es más benevolente con el empresario o profesional concursado que con el consumidor.

Si hace pocos años el pago de la hipoteca no quitaba el sueño a casi nadie, hoy muchas familias se ven asfixiadas al término del mes. Los efectos de la crisis económica comienzan a materializarse. Si se suman las actuales tasas de paro con el creciente aumento de solicitudes de regulación de empleo que sufre un gran número de empresas, más el sobreendeudamiento en la economía doméstica, el resultado es una situación límite, en muchos casos aviso de una próxima morosidad. Todo ello ha provocado la aparición de un nuevo perfil de moroso que nada tiene que ver con el que hasta la fecha era el deudor por excelencia, el que era profesional e intencionado y que no pagaba porque no quería, la coyuntura económica actual ha hecho salir a la luz al moroso fortuito, que deja de pagar sus gastos porque, por desgracia, ha enlazado los dos factores principales que hacen que un ciudadano se convierta en un insolvente. El primero, el desafortunado cálculo de endeudamiento que muchas personas realizan. Para que la economía doméstica esté saneada y se goce de cierto desahogo, la cuota de pago de todos los gastos acumulados, categoría en la que obviamente se debe incluir el pago mensual de la hipoteca y otros créditos, no debe superar un tercio de los ingresos netos mensuales de la familia. Cuanto más se aumente esta ratio y el esfuerzo financiero a realizar, peor será el índice de sobreendeudamiento. Además, si uno se deja de llevar y se solicitan préstamos o se gasta más de la cuenta, la falta de liquidez originada por cualquier contratiempo romperá el aparente equilibrio de la economía familiar. Esto no se ha tenido muy en cuenta, ya que hasta hace bien poco hemos atravesado la fase de bonanza económica más larga de historia reciente "en la que el derroche a toda costa reinaba".

El desajuste se acusa de una forma mayor cuando el salario, fuente principal de ingresos en la mayoría de los hogares, peligra por una inminente situación de desempleo o de regulación del mismo. El peor escenario lo sufrirán aquellos con un nivel de vida y una hipoteca suscrita acorde a la cuantía de un alto salario, que ante una extinción de contrato puede quedar muy por encima del límite máximo que alcanza la prestación por desempleo: 1.055,33 euros, si no se tienen hijos menores.

Y si, además, estos dos factores se combinan con una falta de ahorro al que acudir en estos casos, el panorama que se avecina es muy negro. Toda una realidad en un país en el que la tendencia mayoritaria es la de disponer de una tasa de ahorro muy baja.

Algo que comienza a cambiar tímidamente, se estima que las familias cuya situación económica así lo permita, reducirán su endeudamiento poco a poco por dos motivos:

La tasa de ahorro aumentará.

La caída de la inversión en vivienda.

Las alarmas comienzan a dispararse cuando la falta de liquidez provoca no poder hacer frente a los pagos de los suministros, como la luz, el agua, y el gas, porque echando cuentas, con los ingresos de los que se dispone no se cubren todos los gastos; pero la coletilla de "cualquier cosa menos dejar de pagar la letra" comienza a sonar. El siguiente nivel es dejar de pagar el crédito de las tarjetas, y el último y más significativo es el de no abonar a la entidad bancaria la cuota hipotecaria.

La situación menos mala es la de no perder el empleo y poder mantener un equilibrio entre lo que se gana mensualmente y lo que se paga. Pero el moroso fortuito no elige entrar en esta espiral de impagos, y las circunstancias le vienen mal dadas. No obstante, hay un pequeño antídoto para curar estas situaciones pre-morosas: la refinanciación de deudas. Es un instrumento que permite aliviar el peso de la deuda bancaria ya que en esta gestión el pre-moroso solicita bajar la cantidad de cuota hipotecaria o del conjunto de recibos que se pagan a las entidades de crédito. Eso sí la contrapartida es que ello supone prolongar el plazo de tiempo a devolver el crédito. O lo que es lo mismo, se amplía el plazo de amortización de la hipoteca con el consiguiente aumento de los intereses bancarios.

Esta solución no es siempre viable para solventar los problemas de deudas. Así, por ejemplo, establece dos supuestos en los que no se recomienda solicitar una ampliación. Por un lado, si además de un préstamo hipotecario hay inscritas en el registro otras cargas, es decir, más hipotecas o embargos, la entidad de crédito no podrá ofrecerle una ampliación de su préstamo porque con la legislación hipotecaria actual perjudicaría la seguridad jurídica de la operación. Además, tampoco es aconsejable si el préstamo original tiene ya un plazo de amortización de cuarenta o más años; el alargamiento del plazo tiene un efecto mínimo en la reducción de la cuota y máximo en el encarecimiento de los costes totales.

No obstante, la opción de ampliar el plazo de amortización de la hipoteca no es del todo mala para aquellos que tengan contratado un préstamo hipotecario cuyo plazo de devolución sea menor, pues el ahorro mensual será considerable. Pero parece complicado encontrar a alguien con una hipoteca a amortizar en un periodo de tiempo corto. Y es que el plazo medio al que se firman las hipotecas en España se acerca a los 30 años. De cualquier modo, la persona que finalmente opte por solicitar este trámite debe saber que ésta puede ser una medida temporal, y que una vez resuelta su dificultad específica para asumir una cuota mayor podrá reducir de nuevo el plazo de amortización para ajustarlo a las nuevas circunstancias económicas. De esta manera, acelerará de nuevo el ritmo de devolución de capital y aminorará el coste global de la operación.

Otra de las recetas a las que acudir para no encadenar una situación de morosidad es la de proponer un periodo de carencia a la entidad bancaria con la que se haya suscrito la hipoteca. Es muy común que tanto bancos como cajas de ahorro oferten entre dos y cinco años de carencia en sus préstamos hipotecarios. Durante estos periodos no se amortiza el capital que se debe sino que sólo se pagan los intereses, por lo que la cuota hipotecaria es algo menor. Las entidades conceden estos periodos de gracia al inicio de la relación, cuando los solicitantes están más ahogados por la falta de dinero ya que deben hacer frente a otros gastos que conlleva una vivienda: reformas, muebles, impuestos… Al igual que sucede al ampliar el plazo de devolución de un préstamo hipotecario, el periodo de carencia es una solución excepcional que no debe despistar de la realidad: se retrasa el pago de la deuda pero no se acaba con ella. Además, es una propuesta que se debe negociar con la entidad bancaria y dependiendo de la situación no es del todo seguro que vaya a aceptar.

El concurso de acreedores de personas físicas o quiebra familiar es un procedimiento judicial al que acuden numerosas familias para solucionar sus problemas financieros. El objeto del concurso es paralizar los pagos, los intereses de la deuda y las ejecuciones en curso para corregir el desequilibrio financiero mediante nuevos pactos con las entidades bancarias (los acreedores) y poder saldar las deudas con condiciones más ventajosas y plazos más amplios. Los juzgados de lo mercantil, a través de los jueces, abogados y administradores concursales, intentan que las familias salgan de su ahogo financiero para que sus acreedores puedan cobrar la deuda, de una manera ordenada.

Con la Ley Concursal, el deudor abre un proceso judicial que paraliza las demandas interpuestas por la falta de pago y la ejecución de los bienes que se tramitan, además de interrumpir la acumulación de intereses en los créditos impagados. De todas maneras, no se perdona la deuda, sino que ayuda a la familia a pagarla conforme a sus posibilidades, a través de reducciones o mediante un aplazamiento de cinco años.

Hay dos clases de concurso de acreedores, según quién lo inicia al solicitar el reconocimiento de la quiebra. Para pedir la declaración de concurso están legitimados el deudor y cualquiera de sus acreedores.

La familia con problemas financieros debe presentar una demanda ante el Juzgado firmada por abogado y procurador

> El deudor anuncia el concurso voluntario: se considera como tal cuando la primera de las solicitudes presentadas es la del propio deudor. Este debe justificar su estado de insolvencia. Además, se puede hacer una declaración anticipada si el deudor prevé su situación de quiebra como inminente.

> El acreedor presenta el concurso necesario: los acreedores pueden presentar concurso cuando la insolvencia del deudor es actual, no inminente.

El deudor debe solicitar la declaración de concurso en los dos meses siguientes a la fecha en que ha conocido -o debido conocer- su estado de insolvencia. El ordenamiento jurídico que regula en España las quiebras y los concursos de acreedores desde el año 2004 es la Ley Concursal.

Órganos que intervienen en el concurso de acreedores

1. El juez del concurso (de los Juzgados de lo Mercantil): es el mediador entre el deudor y sus acreedores. Se encarga de citar a todas las juntas de acreedores y tiene el deber y el derecho de conocer todos los incidentes relacionados con la quiebra.

2. La administración concursal (abogados y/o economistas): gestionan y dirigen el proceso. Lo elige el juez.

3. El ministerio fiscal.

4. La junta de acreedores: la componen todos los acreedores del deudor.

5. El deudor o concursado: es la persona que tras la declaración de insolvencia pasa a ser el quebrado.

Cómo solicita el deudor el concurso de acreedores

El particular con problemas financieros debe interponer una demanda ante el juzgado de lo Mercantil del lugar en el que tiene su domicilio. La demanda tiene que ir firmada por un abogado y un procurador.

En el escrito de solicitud de declaración de concurso, el deudor tiene que aclarar si su estado de insolvencia es actual o si lo prevé como inminente. Los documentos con los que hay que acompañar la solicitud y que deben demostrar la insolvencia de la persona con una relación de deudas y acreedores, son los siguientes:

Un poder especial para solicitar el concurso. Este documento puede sustituirse por un apoderamiento "apud acta", que se solicita en el propio juzgado.

Una memoria elaborada por el deudor de su historia económica y jurídica, de sus actividades en los últimos tres años, las causas de su situación y su valoración. Para ello, es recomendable tener asesoramiento jurídico o contable.

Si el deudor es una persona casada, tiene que indicar en la memoria la identidad del cónyuge, con expresión del régimen económico del matrimonio (gananciales o separación de bienes).

Un inventario de bienes y derechos, con expresión de su naturaleza, lugar en que se encuentran, datos de identificación registral, valor de adquisición, con las cargas que puedan tener y con una estimación del valor real actual.

La relación de acreedores, por orden alfabético, con expresión de la cuantía y el vencimiento de los respectivos créditos y las garantías personales o reales constituidas. Si algún acreedor hubiera reclamado judicialmente el pago, se debe identificar el procedimiento correspondiente y se tiene que indicar el estado de las actuaciones.

La declaración de concurso

Una vez presentadas la demanda y el resto de la documentación, el deudor tiene que esperar cerca de 20 días hábiles para saber si el juzgado admite o no a trámite dicha demanda. Si la admite, se registra la declaración de concurso mediante un auto judicial. La fecha de este es fundamental para cuantificar la deuda total de la familia hasta ese instante (créditos concursales).

La Ley Concursal no perdona la deuda, pero ayuda a la familia a pagarla según sus posibilidades

Es la fecha que se utiliza para calcular los intereses generados por los impagos, cuya paralización se debe a la declaración de concurso.

Con el auto, el juez nombra a un administrador concursal, que es un abogado o un economista que interviene las facultades patrimoniales del deudor.

1. En caso de concurso voluntario, el deudor conserva las facultades de administración y disposición sobre su patrimonio. Para ejercerlas, necesita la autorización o conformidad del administrador.

2. En caso de concurso necesario, se suspende el ejercicio de las facultades de administración y disposición sobre su patrimonio, y se sustituye por el administrador concursal.

Recomendaciones para las familias en quiebra

El concurso de acreedores de personas físicas o quiebra familiar es la última fase de la negociación que una familia con dificultades económicas tiene con sus acreedores. Si después de negociar con las entidades financieras no se soluciona el problema, la familia debe acudir al concurso de acreedores para pactar otras condiciones.

En los procesos concursales, los bancos aceptan unas resoluciones favorables al deudor dentro de concurso, porque consideran que al firmar un acuerdo con la familia se aseguran el cobro de una parte o de la totalidad de la deuda con unos vencimientos anuales ya estipulados.

Por tanto, si la situación financiera es insostenible y la refinanciación de la deuda no llega a buen término, el procedimiento judicial de quiebra familiar o concurso de acreedores de particulares es la mejor opción. Es la última oportunidad para evitar ser embargado de manera generalizada. En este sentido, hay que tener en cuenta una serie de recomendaciones para quienes se encuentran en concurso de acreedores o quiebra familiar:

1. La familia debe asumir el problema financiero en el que se encuentra y debe ser diligente en todas sus actuaciones.

2. Se debe tener claro el objetivo que se quiere alcanzar con el concurso (evitar el desahucio, entre otros).

3. Hay que ser conscientes de que es la última oportunidad para solucionar los problemas financieros de la familia.

4. No se puede derivar toda la responsabilidad en el abogado durante el proceso concursal, sino que se debe estar involucrado en el procedimiento y mantener una comunicación fluida con el administrador concursal e, incluso, con el juez.

5. En las situaciones de insolvencia de las familias, el juzgado y el administrador concursal son sensibles a la grave situación financiera y facilitan el trabajo y las negociaciones a los abogados. La familia debe implicarse en el procedimiento mediante las siguientes acciones:

   ○ Puede contactar con el administrador concursal para explicarle las necesidades mensuales y estipular el derecho de alimentos, así como solicitar su intervención en la negociación con los bancos para otorgarles confianza.

o En el caso de que la vivienda habitual de la familia esté hipotecada, puede solicitar al administrador concursal y al juez que de los ingresos mensuales de la familia se satisfaga el pago de la hipoteca, como prioridad absoluta, para evitar la ejecución de la misma.

La crisis ha hecho mella en todos los ámbitos, incluso en las sucesiones testamentarias. Cada vez son más frecuentes las herencias con deudas asociadas y, cuando estas son superiores a los haberes, el beneficiario tiene que responder con sus propios bienes.

Deudas del fallecido: qué sucede

Nadie está obligado a aceptar una herencia, ya que no solo se hereda el activo, sino también el pasivo. Quien recibe un legado se subroga a sus derechos y obligaciones como si fuera el causante y tiene que responder con sus bienes a las deudas de la misma.

Por ello, cuando hay dudas fundadas de que una herencia puede llevar consigo deudas (que estén acreditadas y sean exigibles por acreedores), la mejor solución para el heredero es rechazarla o aceptarla a beneficio de inventario.

Aceptar la herencia a beneficio de inventario

La aceptación a beneficio de inventario implica separar el patrimonio personal del heredero y el caudal de la herencia.

Esta fórmula debe formalizarse en documento público ante notario, un agente consular (si el beneficiario está en el extranjero) o a través de documento privado, presentado ante la Administración Tributaria, en los seis meses siguientes a la fecha en que se declara al sucesor como tal.

Al heredar a beneficio de inventario solo se responde de las deudas con el valor de los haberes

Además, los herederos siempre pueden solicitar la formación de inventario antes de decidirse a aceptar o repudiar la herencia. El inventario es aconsejable, si se duda de la solvencia del fallecido y se considera que solo se responde de las deudas con el valor de los haberes de la herencia. Para ello, se hace un inventario notarial o judicial de los bienes del difunto y se procede al pago de todas las deudas y cargas mediante la venta de esos haberes.

Solo el remanente de los bienes, si queda algo una vez satisfechas todas las obligaciones, se reparte entre los herederos. Por el contrario, si en el inventario el capital que se debe es mayor que el valor de los bienes, los herederos no sucederán nada, aunque tampoco tendrán que aportar su patrimonio personal.

En muchas ocasiones, la aceptación de la herencia a beneficio de inventario está impuesta por ley, como en el caso de los menores o incapacitados, herederos de confianza (personas físicas a quienes el testador encomienda que den un determinado destino a sus bienes) o personas jurídicas públicas y privadas declaradas de interés social. Por otra parte, cuando el causante está en la situación de insolvencia a la que se refiere el artículo 3, apartado 4, de la ley 22/2003 de 9 de julio, Ley Concursal, la herencia puede declararse en concurso, lo que lleva emparejada por ley la aceptación de la misma a beneficio de inventario.

Cuando el heredero tiene deudas

Según el artículo 1.001 del Código Civil, si el heredero que tiene deudas pendientes con terceros repudia una herencia y, con ello, causa un perjuicio a sus acreedores, estos pueden solicitar al juez la entrega de la herencia (o que les autorice a aceptarla en su nombre), con el fin de resarcirse de los impagos. La ley permite que los acreedores de un heredero puedan oponerse de forma judicial a la renuncia de una herencia.

Los acreedores tienen derecho a percibir la cuantía correspondiente hasta satisfacer el importe de sus créditos y, si sobra alguna cantidad de la porción hereditaria de quien rechazó la herencia, esta no pertenece ya al renunciante, sino que se reparte entre el resto de los sucesores.

Hay que destacar que, una vez abonadas las deudas, los acreedores no tienen ningún derecho sobre el sobrante de la porción hereditaria. Asimismo, los acreedores de quien renuncia a una herencia disponen de un año de plazo, desde la fecha de la repudiación, para reclamar sus derechos. Con objeto de satisfacer sus deudas, un acreedor puede ir contra los bienes de la herencia, contra los de quien la rechaza y contra los del heredero, por este orden.

En ocasiones, sucede que una persona declarada insolvente recibe una herencia y pretende renunciar a la misma para no verse obligada a entregar los haberes adjudicados a los acreedores en pago de las deudas pendientes. Con esta decisión perjudica a sus acreedores, por lo que la ley les autoriza a oponerse judicialmente a esa renuncia. En este caso, los acreedores de los coherederos pueden intervenir en la partición de la herencia para evitar que esta perjudique sus derechos.

Si uno de los coherederos es acreedor del difunto, puede reclamar de los otros el pago de su crédito y deducir su parte proporcional como tal sucesor.

En cualquier caso, antes de efectuar una actuación sucesoria o relacionada con herencias, es conveniente contar con el asesoramiento profesional de un abogado.

Las preguntas más habituales

¿Qué es el sobreendeudamiento? Es la situación en que se encuentra el ciudadano o familia que ha contraído deudas en exceso y no puede hacer frente a todas. Su pasivo supera su activo, no puede pagar y se convierte en insolvente.

¿Qué factores desencadenan el sobreendeudamiento? El Banco de España apunta tres factores decisivos como causantes del sobreendeudamiento familiar: el incremento en el precio del suelo y la vivienda - principal responsable del alto nivel de riesgo y vulnerabilidad que están soportando las economías domésticas -, la reducción de los tipos de interés bancarios y la falsa confianza de los consumidores en su estabilidad laboral.

¿Qué otras causas influyen? Las causas inmediatas del sobreendeudamiento de los consumidores son dos: la asunción excesiva de deudas (sobreendeudamiento activo) y la incapacidad sobrevenida de hacer frente a los créditos por causas imprevistas (sobreendeudamiento pasivo).

El sobreendeudamiento activo puede originarse por descontrol del presupuesto, por gastos imprevistos, por la utilización irracional de las tarjetas de crédito o por disfrutar de uno o varios créditos, sin haber estudiado con anterioridad la situación financiera personal del momento o la previsible durante la vigencia del crédito. El sobreendeudamiento pasivo suele deberse a una disminución de los ingresos, motivada por el desempleo, la enfermedad o el fallecimiento de uno de los cónyuges, abandono del empleo de la mujer para cuidar de los hijos o las sanciones tributarias, etc. Sin duda, la tasa de desempleo es la variable macroeconómica que más influye en el impago de la deuda familiar, más que los tipos de interés o que el volumen del crédito, que en nuestro país alcanza la cifra de 650.000 millones de euros, tres veces más que en 1996, lo que supone un 114% de la renta bruta disponible, más que la media de los países de la Eurozona.

¿Cómo podemos saber nuestro límite de endeudamiento? Los expertos consideran que no debe destinarse al pago de deudas más del 20% de los ingresos. Este porcentaje puede ser menor (entre un 12% y un 15%, como máximo), en función del nivel de vida de la zona en la que se resida, el precio de los alquileres, de los gastos de alimentación y de otros gastos fijos. Además, en caso de contraer deudas de larga duración, como la compra de un piso, hay que considerar no sólo la situación financiera en el momento de contraer la deuda sino la previsible durante el tiempo que va a durar. Se considera que alguien está sobreendeudado cuando el volumen de su deuda es tres veces superior a su renta cuando el total de la deuda supera el 75% del patrimonio neto del hogar; o cuando el peso de la carga de su deuda supera el 40% de su renta anual.

¿Estamos protegidos los consumidores? Hasta la fecha, ni la Ley española del Crédito al Consumo de 1995 - adaptación de la directiva europea de 1987- ni las nuevas propuestas europeas tienen en cuenta el tratamiento curativo del sobreendeudamiento. En un país en el que un 72% de los ciudadanos se ha beneficiado alguna vez de un crédito sigue sin haber una ley específica que proteja a las familias del sobreendeudamiento. En Francia, por ejemplo, los tribunales pueden cambiar las condiciones de devolución del préstamo en caso de dificultades financieras del consumidor.

Sólo la Ley 7/95 de Crédito al Consumo contempla medidas preventivas, centradas sobre todo en la oferta, publicidad y en el contenido exigible de los contratos. Además, la Ley 28/98 de Venta a Plazos de Bienes Muebles permite o faculta a los jueces para señalar nuevos plazos o alterar los convenidos determinando en su caso los recargos en el precio por los nuevos aplazamientos de pagos. No obstante, esta facultad excepcional de los jueves requiere de una justa causa, como el desempleo, la larga enfermedad, las desgracias familiares o los accidentes de trabajo.

¿Qué ocurre si la deuda da lugar al embargo de los bienes? La Ley de Enjuiciamiento Civil declara inembargables las rentas mínimas, prohibiendo el embargo de sueldos, salarios y pensiones inferiores al salario mínimo profesional. No obstante, una vez que estos ingresos se encuentran en una cuenta corriente pasan a ser saldos positivos y pueden llegar a ser embargados.

¿Qué porcentaje del sueldo puede ser embargado? Pueden ser embargados los salarios o pensiones que sean superiores al Salario Mínimo Interprofesional (SMI) teniendo en cuenta la siguiente escala:

La cantidad que exceda del doble del SMI, en un 30%

La cantidad que exceda del triple del SMI, un 50%

Lo que exceda hasta cuatro veces del SMI, el 60%

Lo que exceda hasta cinco veces del SMI, el 75 %

Lo que exceda hasta más de cinco veces del SMI, el 90%

Los jueces podrán, en atención a las cargas familiares, rebajar entre un 10% y un 15 % los anteriores porcentajes.

¿Qué ocurre en otros países? En Francia, por ejemplo, se aprobó una ley en 1989 que contempla las dificultades del consumidor sobreendeudado. Dicha ley, además de prevenir y prohibir ciertas conductas de las entidades de crédito, instaura un procedimiento para arreglar la situación de desatención de pagos, estableciendo dos procedimientos que se asemejan a una especie de quiebra civil. La primera vía de solución es amistosa, en caso de no alcanzar un acuerdo con los acreedores, entra el juicio universal, con carácter subsidiario. En este juicio el tribunal puede, entre otras cosas, paralizar los embargos y establecer como solución final una reducción de los intereses o de los tipos de interés e incluso del principal y/o señalar nuevos plazos para pagar.

En Bélgica hay un procedimiento para todas las personas físicas no comerciantes que no puedan pagar sus deudas vencidas o a punto de vencer, que también ampara a las personas que a la vista de sus deudas e ingresos prevén llegar a esta situación. El consumidor belga puede presentar una solicitud ante el Juez de Embargos de su domicilio y será ayudado por un mediador de deudas que negociará con los acreedores. Si todos los acreedores aceptan el plan, el mediador somete el plan al juez quien levanta acta del acuerdo de las partes. Si no se alcanza un acuerdo amistoso, el juez decidirá entre reducir los tipos de interés, escalonar la deuda, aplazar momentáneamente el pago de una deuda, pedir al consumidor la mudanza a un piso más barato.

Una sentencia pionera

En España muchos sectores sociales y profesionales están a la espera de medidas legales en materia de sobreendeudamiento. Quizás por ello tuvo gran eco un auto del juzgado de primera instancia nº 3 de Barcelona, de 29 de diciembre de 2004, en el que se declaraba la suspensión de pagos de un matrimonio insolvente, acogiéndose a la Ley Concursal de 2003. El juzgado llamó a los acreedores del matrimonio para que comunicaran las deudas pendientes y nombró a un auditor para administrar la citada suspensión. Se trataba de negociar un convenio con los acreedores para determinar en qué cuantías y plazos se abonarían las deudas, pero con una reserva de los ingresos del matrimonio para alimentos. Además, según la sentencia, no se podrán iniciar ejecuciones o embargos ni seguirse apremios administrativos o tributarios contra el patrimonio de los deudores. Se trata de una medida similar a la que se aplica a las empresas con dificultades económicas, si bien el juzgado no admitió la suspensión un procedimiento judicial hipotecario contra su vivienda habitual por no ser un bien afecto a actividades profesionales. Por ello, hay quien interpreta que esta Ley es más benevolente con el empresario o profesional concursado que con el consumidor.

Durante el periodo que media entre el fallecimiento de una persona y la aceptación de la herencia por parte de sus herederos, se considera que el patrimonio hereditario "yace". Así, en el Código Civil español, se considera herencia yacente a la que aún no está aceptada de manera formal.

El cumplimiento de las obligaciones tributarias del testador fallecido corresponde al representante de la herencia yacente

La ley regula las obligaciones derivadas de la titularidad, administración y custodia de los haberes pendientes de adquisición formal (es decir, de los bienes de la herencia yacente), cuya competencia recae en los propios herederos, en el albacea o en una persona designada por el juez. A su vez, los herederos o legatarios están obligados a informar de la herencia yacente en cuanto existe la aceptación.

La característica más importante de las herencias yacentes es la falta de titularidad durante un periodo concreto. Por el contrario, desde el momento en que se acepta la herencia, se adquiere la cualidad de heredero.

Problemas que puede generar la herencia yacente

1. Los acreedores pueden reclamar una herencia yacente.

Uno de los inconvenientes que se plantea se refiere al hecho de determinar si los acreedores de una herencia tienen que soportar esa situación de interinidad, de patrimonio sin titular, que representa la herencia yacente. En este sentido, la jurisprudencia del Tribunal Supremo admite que una herencia yacente puede ser demandada y que, debido a que la interinidad en su titularidad, impone la necesidad de que haya personas encargadas de su administración (a través de albaceas o administradores testamentarios o judiciales) con facultad para actuar en distintos procesos judiciales.

El artículo 6.4 de la Ley 1/2000, de 7 de enero, de Enjuiciamiento Civil, establece que las masas patrimoniales, como la herencia yacente, tienen capacidad para ser parte en los Tribunales, compareciendo a través de sus administradores. Esto significa que los acreedores del fallecido pueden ir contra la herencia yacente. En los procesos ante los tribunales civiles, pueden ser parte las masas patrimoniales o los patrimonios separados que carezcan de forma transitoria de titular, o cuyo titular haya sido privado de sus facultades de disposición y administración.

2. La necesidad de la figura del administrador de la herencia yacente

La herencia yacente necesita un administrador, incluso si el testador no lo previó en sus disposiciones testamentarias. Durante el tiempo en el que la herencia aún no ha sido aceptada, tiene una gran importancia la administración y custodia de los bienes y derechos, que deben conservarse para el momento en que sean aceptados y adquiridos por los herederos.

En particular, la administración del caudal hereditario es indispensable en todos los supuestos que pueden identificarse como herencia yacente y, en concreto, los siguientes:

o Artículo 801 del Código Civil: si el heredero fue instituido bajo condición suspensiva, se pondrán los bienes de la herencia en administración hasta que la condición se realice o haya certeza de que no podrá cumplirse.

- Artículo 965 del Código Civil: la institución de heredero a favor del nasciturus. En el tiempo que medie hasta que se verifique el parto, o se tenga la certeza de que este no tendrá lugar, se proveerá a la seguridad y administración de los bienes en la forma establecida para el juicio necesario de testamentaría.

- Artículo 1020 del Código Civil: el juez podrá proveer, a instancia de la parte interesada, durante la formación del inventario y hasta la aceptación de la herencia, a la administración y custodia de los bienes hereditarios.

El propio testador es quien nombra a un albacea para administrar la herencia yacente, pero si no lo hizo, esa función la tiene que realizar el llamado a heredar o una persona designada por el juez, en su caso. Cuando nadie puede hacerse cargo del caudal hereditario, en cuanto los órganos judiciales tengan conocimiento del fallecimiento y no les conste la existencia de testamento, el juez tomará las decisiones necesarias para mantener la seguridad de los bienes del difunto. Asimismo, debe averiguar si el fallecido otorgó algún testamento, hacer el inventario de los bienes, etc.

Si aparecen herederos legítimos, cesa la intervención judicial, pero si no aparece ninguno, el procedimiento ha de continuar hasta que se declare de forma judicial quiénes son los herederos (si no se presenta ningún posible heredero, puede serlo el Estado).

3. La obligación tributaria del difunto corresponde al representante de la herencia yacente.

El artículo 35 de la Ley 58/2003, de 17 de diciembre, General Tributaria estipula que tienen la consideración de obligados tributarios, en las leyes en que así se establezca, las herencias yacentes, las comunidades de bienes y demás entidades que, carentes de personalidad jurídica, constituyen una unidad económica o un patrimonio separado susceptibles de imposición.

Así, el manual para la Declaración del IRPF de este año (correspondiente al ejercicio 2012) indica que, como representante de un declarante fallecido debe figurar alguno de sus herederos o legatarios o, en su caso, el representante de estos, el representante de la herencia yacente o quien tenga la consideración de sucesor del difunto, de acuerdo con el artículo 39 de la Ley 58/2003, de 17 de diciembre, General Tributaria. Este artículo establece que, mientras la herencia se encuentre yacente, el cumplimiento de las obligaciones tributarias del causante corresponde al representante de la herencia yacente. En este sentido, la Declaración de la Renta de un contribuyente fallecido tiene que ser firmada por quien figure en la Declaración como su representante: un heredero o legatario, el representante de estos, el representante de la herencia yacente, etc.

4. La herencia yacente puede declararse en concurso.

Otra peculiaridad es que, según el artículo 1 de la Ley 22/2003, de 9 de julio, Concursal, la herencia yacente puede declararse en concurso, cuando no ha sido aceptada pura y simplemente. Siendo así, de acuerdo con el artículo 3.4 de esta última Ley, "los acreedores del deudor fallecido, sus herederos y el administrador de la herencia podrán solicitar la declaración del concurso de la herencia no aceptado pura y simplemente". La petición formulada por un heredero producirá los efectos de la aceptación de la herencia a beneficio de inventario.

5. Otros supuestos.

En ocasiones, la falta de aceptación por parte del llamado a la herencia puede considerarse circunstancial, cuando los herederos, siendo conocidos, aún no se han pronunciado sobre la aceptación o no de la herencia o han solicitado un plazo para deliberar sobre ello. En otros casos, el testador puede ordenar la constitución de una fundación, hasta el momento inexistente.

Tema 9. Endeudamiento y morosidad

Las familias españolas acusan en los últimos años un endeudamiento cada vez mayor motivado, en su mayor parte, por las abultadas hipotecas que soportan. Sin embargo, los impagos entre los clientes de los bancos son muy reducidos, apenas llegan al 0,7% del volumen total de préstamos. ¿A qué se debe? Los expertos aseguran que el motivo principal es el cada vez más dilatado plazo de amortización en la compra de la vivienda, que puede llegar a ser hasta de 50 años. Por otro lado, la carestía del dinero y la elevada deuda familiar conllevan dificultades en muchos hogares para seguir con los niveles habituales de consumo, aunque se han relajado las condiciones para obtener un crédito aplicándose periodos de carencia en los préstamos hipotecarios o con fórmulas como la hipoteca "recargable". Además, han comenzado a proliferar las empresas de refinanciación de deudas, uno de los negocios con más auge en la actual economía española. Un recurso que puede ser de utilidad para quienes se vean "ahogados" por las deudas en un momento dado. No obstante hay que advertir que este sector aún no ha sido suficientemente regulado, por lo que los propios asesores financieros aconsejan prudencia. Por su parte, las entidades bancarias han ampliado las prestaciones de sus hipotecas para adaptarse a las necesidades del cliente.

Existe por tanto en el mercado una capacidad de aplazar parte del capital al vencimiento, acogerse a un periodo de espera sin pagar intereses ni capital, flexibilidad de cuotas, etc. A pesar de estas nuevas fórmulas de pago, las familias españolas encuentran dificultades para mantener su nivel de consumo y a la vez responder al pago de sus créditos. La flexibilidad de las hipotecas es otra gran baza con la que puede jugar el consumidor.

Las personas que en un momento dado sufren una caída de ingresos y quienes se encuentran "ahogadas" por no haber previsto la subida de tipos, o no haber calculado bien su grado de endeudamiento, suelen intentar redefinir o reestructurar sus créditos para no entrar en quiebra. Lo habitual es que inicialmente se dirijan a la oficina bancaria donde han contratado sus préstamos. Si se topan con dificultades tienen la opción de irse a otro banco o caja, o de acudir a empresas de intermediación financiera. Últimamente han proliferado estas compañías que se dedican, en estos casos, a la refinanciación de deudas.

Cuando se redefinen o reestructuran las deudas, de lo que se trata es de buscar una solución particular ante una falta de liquidez. Cada situación se estudia de manera personal y así:

En ocasiones, puede bastar con "transformar el corto plazo en largo plazo" para evitar una crisis por impago de crédito.

Si el problema es coyuntural (por ejemplo una baja prolongada en caso de un autónomo) puede ser suficiente con negociar un periodo de carencia (espacio de tiempo de la vida de un préstamo en el que el cliente solamente paga los intereses).

Otras veces se puede optar por la subrogación del préstamo hipotecario (trámite por el cual se cambia de entidad financiera) para obtener una mejora en las condiciones económicas del mismo.

En ciertos casos la mejor opción puede ser la cancelación y nueva contratación de los créditos adquiridos, a pesar de tener que pagar sus correspondientes tasas en concepto de penalización por anulación anticipada o comisión de apertura. Uno de los aspectos más positivos que se persigue con una nueva financiación es que se trata de reutilizar la parte ya amortizada del crédito hipotecario para atender nuevas necesidades, es decir, se trata de obtener siempre que sea posible un único y nuevo préstamo a interés hipotecario.

Precauciones

La unificación de las deudas a un interés más competitivo puede ser interesante, lo mismo que aplazar los pagos. No obstante, en ocasiones aplazar el problema no significa solucionarlo", lo que provocaría que el cliente acabara perdiendo sus bienes embargados "dentro de un año".

En cualquier caso, el consumidor debe intentar hacer una planificación de los ingresos y gastos, tanto ordinarios como extraordinarios, y tener en cuenta algunos aspectos:

Según la nueva Directiva de Crédito al Consumo, los intermediarios financieros deberán estar registrados oficialmente en el Banco de España para poder seguir operando en el sector. Conviene asegurarse de que la entidad efectivamente así lo está.

El Banco de España advierte de que estas entidades cobran una comisión por su intermediación, que se añade a los costes, en muchos casos elevados, de cancelación anticipada de los préstamos, contratación de uno nuevo y los gastos notariales, registrales y de impuestos.

Para tener una valoración adecuada de la operación se debe contemplar no sólo la diferencia de tipos de interés entre los préstamos antiguos que se sustituyen y el nuevo, sino también el plazo durante el cual se va a estar pagando y los gastos totales de la operación.

Pagar el primer año un interés más bajo puede solucionar un problema, sin embargo éste puede verse agravado en el plazo de un año, por ejemplo. Hay que valorar la operación con la mayor perspectiva posible.

Pese a todas estas herramientas a disposición del consumidor, la OCDE, el FMI, la Comisión Europea y el Banco de España advierten reiteradamente de que existe una alta probabilidad de un repunte de la morosidad.

El principal motivo del endeudamiento de una familia proviene de los créditos hipotecarios. La hipoteca es el principal motivo de endeudamiento de una familia. La Ley Hipotecaria española es una de las más estrictas en materia de ejecuciones hipotecarias. Hay una doble responsabilidad que se exige al deudor ante un impago de cuotas y que no solo implica la pérdida de la vivienda en manos del banco, sino también la obligación de tener que pagar a la entidad financiera el importe diferencial entre la tasación original del inmueble y el precio de venta que se alcanza en la subasta pública.

Ante la imposibilidad de hacer frente a la devolución de una hipoteca, se pueden buscar acuerdos con la entidad

Ante la imposibilidad de hacer frente a la devolución de un préstamo hipotecario, estas son algunas medidas que se pueden adoptar:

Verificar si el pago de la hipoteca está garantizado mediante una póliza de seguro que opere en caso de desempleo o incapacidad de la persona obligada al pago.

Buscar acuerdos con la entidad. Renegociar carencias, plazos, porcentajes, reunificaciones, incluso una posible venta de la casa o dación en pago (se han dado casos de este tipo). En el momento en que se deje de pagar, no solo se pierde la vivienda y todo lo invertido hasta la fecha, sino que la deuda aumentará a causa de los intereses de demora, comisiones de impago, costes judiciales, etc.

Ante la posibilidad que ofrecen las entidades financieras de renegociar la deuda, es conveniente estudiar con atención las nuevas condiciones para evitar un mero aplazamiento del pago a un interés mayor. Esto solo es aconsejable para evitar la ejecución hipotecaria si la persona afectada tiene perspectivas de aumentar sus ingresos y capacidad económica.

Si la vivienda hipotecada está ligada a una actividad profesional o empresarial, no puede iniciarse su ejecución si el afectado se declara en concurso.

Una vez subastada la finca, la persona afectada puede solicitar una prórroga del plazo concedido para el desalojo en atención a sus circunstancias personales.

Acudir a asociaciones de consumidores o de afectados por la hipoteca, que ofrecen información y asesoramiento legal.

Las entidades bancarias aseguran brindar toda clase de facilidades (moratorias, mejoras de las condiciones en tipos y plazos) para que las familias españolas con dificultades afronten la devolución de sus préstamos, las entidades financieras intentan combatir el aumento de la morosidad y prefieren modificar las condiciones de pago antes que contar con un cliente moroso. La orden del sector bancario es clara: evitar las ejecuciones hipotecarias, ya que a las entidades no les interesan los inmuebles y sí que los clientes abonen sus créditos, la ampliación de plazos es una situación pensada para casos concretos, para personas que atraviesan una situación de extrema gravedad. Los clientes tienen que hacer sus números para saber si estas medidas les compensan. Y puntualiza que no tienen que olvidar que en el 90% de los periodos de carencia se pagan los intereses, por lo que no se reduce el capital amortizado.

La hipoteca es el producto "estrella" del regateo con el banco. Antes de firmarla hay que tener en cuenta que al contratar un seguro de vida, o una tarjeta de crédito, se puede conseguir una rebaja de los intereses que cobre la entidad. Aunque puede que no interese la contratación de un seguro de vida, sí puede interesarnos una tarjeta de crédito, y hay que intentar utilizar este recurso como baza en una negociación.

También hay que tener en cuenta qué porcentaje se pide de hipoteca, si se trata del 100% de la tasación del inmueble, o si el del 80% (los bancos ofrecen mejores condiciones). Si se solicita tan solo un poco más del 80% hay que intentar igualar las condiciones a las de quienes piden ese porcentaje.

La comisión por apertura es la más cara en una hipoteca. Puede suponer el 1% del préstamo total, una cantidad muy alta, y uno de los frentes en los que interesa plantear batalla.

Cuando se pagan con regularidad las cuotas mensuales, se puede pensar en renegociar las condiciones con el banco. Si se conocen ofertas de otras entidades con unos tipos de interés más bajos, o si el banco en que se contrató la hipoteca ofrece intereses mejores a clientes en determinadas condiciones, ha llegado el momento de plantearse pasar por la sucursal y exponer la necesidad de una renegociación.

Para culminar con éxito esta empresa, es importante tener estudiado todo cuanto se va a exponer, y no recurrir nunca a la amenaza. Entre otras cosas, porque el banco cuenta con derechos cuando alguno de sus clientes le comunica que va a trasladar su hipoteca a otra entidad: Si iguala las condiciones, el usuario no puede abandonar la entidad. Además, el banco sabe que trasladar una hipoteca conlleva unos gastos en ocasiones demasiado gravosos como para que compense el cambio de entidad.

VÉASE: Ley 5/2019, de 15 de marzo, reguladora de los contratos de crédito inmobiliario.

Tema 10. Detección del engaño

Todos, en mayor o menor medida, por acción o por omisión, mentimos. Lo hacemos en la medida que no decimos lo que pensamos o que decimos lo que no pensamos o no sabemos, o incluso lo que sabemos incierto. La pérdida de la espontaneidad es un proceso evolutivo cuyas etapas vamos consumiendo desde niños, conforme se asienta en nosotros la convicción de que la sinceridad no siempre es posible ni conveniente porque puede causar perjuicios al receptor de la comunicación, o al propio emisor.

Hay mentiras socialmente más positivas que ciertas verdades incontestables: son muchas las situaciones en que una mentira sabiamente trasmitida genera un efecto beneficioso, o cuando menos paliativo, como para que establezcamos categorías morales radicales sobre esta aparente dicotomía ética: verdad-mentira. Si a esto unimos que todos, antes o después, mentimos u ocultamos verdades relevantes, quizá convendría desdramatizar el hecho de la mentira para poder así abordarlo con más sensatez y sentido de la medida.

La intención cuenta, y mucho

Según el diccionario mentir es "decir algo que no es verdad con intención de engañar". Y si buscamos una definición más académica, nos topamos con "expresión o manifestación contraria a lo que se sabe, cree o piensa". Así que quien engaña o confunde sin ser consciente de hacerlo, no miente: simplemente trasmite a los demás su propia equivocación.

La relación que cada persona mantiene con la mentira -además de decir mucho de ella-, es bien distinta a la de los demás. Hay quienes sólo recurren a la mentira cuando es compasiva, o cuando les proporciona resultados positivos sin generar engaño importante o si se trata de un asunto banal. Y también los hay que mienten a menudo, casi por costumbre y sólo en temas poco relevantes. Pero no podemos olvidar a quienes mienten esporádicamente pero a conciencia, generando daño a los demás o persiguiendo beneficios personales. Y también los hay que mienten, o callan verdades necesarias, por timidez, por vergüenza o por falta de carácter.

Por último, citemos a los mentirosos patológicos, que mienten con una facilidad pasmosa, ya sea por conveniencia ya por una absoluta y cínica falta de respeto a la verdad.

¿Por qué mentimos?

Algunas personas no mienten nunca (o casi nunca) por razones bien distintas de la ética: por miedo a ser descubiertos, por pereza (no hay que recordar los detalles de la mentira en el futuro), por orgullo ("¿cómo voy a caer yo tan bajo?")... Pero, si lo pensamos bien, razones bien similares son las que pueden impulsarnos a mentir u omitir, en determinadas circunstancias, lo que pensamos o sabemos. Porque verdades como puños muy inoportunas, o que ofenden o incordian. Tan importante como el hecho de mentir o decir la verdad es la intención con que se hace una u otra cosa. Y he ahí el verdadero dilema moral. Una mentira que a nadie daña o incluso reporta beneficio a su destinatario puede ser más defendible que una verdad que causa dolor innecesariamente. Mentimos por muchas razones: por conveniencia, odio, compasión, envidia, egoísmo, o por necesidad, o como defensa ante una agresión... pero dejando al margen su origen o motivación, no todas las mentiras son iguales. Las menos convenientes para nuestra psique son las mentiras en que incurrimos para no responsabilizarnos de las consecuencias de nuestros actos. Y las menos admisibles son las que hacen daño, las que equivocan y las que pueden conducir a que el receptor adopte decisiones que le perjudican. Concluyamos, por tanto, que los dos parámetros esenciales para medir la gravedad de la mentira son la intención que la impulsa y el efecto que causa.

Ocultar y falsear

Quien oculta la verdad retiene parte de una información que para el interlocutor puede ser interesante pero, en sentido estricto, no falta a la verdad. Sin embargo, quien falsea la realidad da un paso más, al emitir una información falsa con etiqueta de real. Resulta más fácil mentir por omisión (no se necesita urdir historias inciertas, y hay menos posibilidades de ser descubierto) y socialmente este tipo de engaño se tiene por menos censurable, a pesar de que puede resultar tanto o más dañino e inmoral que la mentira activa. Se recurre asimismo al falseamiento cuando se ocultan emociones o sentimientos que aportan información relevante al interlocutor, en la medida que pueden inducirle a error de interpretación o a iniciar acciones inadecuadas.

También podemos mentirnos a nosotros mismos, por evitar asumir alguna responsabilidad, o por temor a encarar una situación problemática, o por la dificultad que no supone reconocer un sentimiento o emoción. Invariablemente, antes o después, este autoengaño nos lleva a mentir a los demás.

Otras formas de mentir son las "verdades a medias" (el mentiroso niega parte de la verdad o sólo informa de parte de ella) y las "verdades retorcidas", en las que se dice la verdad pero de un modo tan exagerado o irónico que el interlocutor, casi ridiculizado, la toma por no cierta.

La mentira tiene sus clases

La mentira racional persigue un interés concreto, es malévola y se emite con la intención de perjudicar o engañar. En la mentira emocional, lo que se dice o hace no concuerda con la situación emocional de la persona. Y en la mentira conductual hacemos creer que somos lo que no somos: más jóvenes, mejor informados, menos anticuados... Pero hay también otras clases de mentiras: chismes, rumores y las mentiras piadosas: El mentiroso no tiene edad y la mentira puede darse en todo el ciclo de vida. Veamos lo que apunta De Vries:"El niño es mentiroso en la medida en que sus fantasías se hacen presentes para confundirlas con realidades. El adolescente lo es cuando su encuentro con el mundo real le causa frustraciones. El joven miente porque no se ve capaz de afrontar las verdades que le contrarían. El adulto es mentiroso cuando no ha superado los obstáculos que le ha puesto la vida, y engaña para sentirse el triunfador que nunca ha sido. Y el anciano miente cuando no se perdona los errores que ha cometido a lo largo de su existencia".

Nuestra relación con la mentira (con qué frecuencia mentimos y qué gravedad tienen esas mentiras) la podemos ver como un baremo que mide nuestro grado de responsabilidad y madurez, cómo afrontamos las frustraciones, y si mostramos una coherencia en las actitudes y comportamientos en nuestra vida.

Mentira y confianza

El cimiento sobre el que se edifican las relaciones humanas es la confianza. La relación entre los seres humanos no precisaría de la confianza si fuéramos transparentes, pero no lo somos: el descubrimiento absoluto de nuestra intimidad, al contener propósitos e intenciones que podrían torpedear el diálogo, frenaría la relación social. Recurrimos, todos, a un protocolo de comunicación, y el fingimiento, el disimulo y la mentira son -aunque cueste reconocerlo- componentes esenciales de ese convenio. No somos igual de sinceros ante unos que ante otros, esto es obvio. Todos mostramos un cierto grado de opacidad ante los demás. Y no siempre más sinceridad genera una mayor confianza. La información es poder: saberlo todo sobre alguien equivale a una forma de posesión. Y en cierto sentido, la hondura de la amistad o del amor se miden por el grado de conocimiento recíproco de la intimidad, y por la confianza existente entre los interlocutores. La confianza es una actitud básica, porque preside la totalidad de las interacciones. La necesitamos, pero la usamos en las dosis que, según nuestro criterio, cada caso precisa. En el momento que surge la comunicación con otra persona hemos de depositar en ella cierto grado de confianza, que es el termómetro de la implicación y vinculación que mantenemos con esa persona. Apostar por la confianza del otro es considerarle de fiar.

Fiarse de alguien significa creer que las probabilidades de ser engañado son muy escasas o inexistentes. Si queremos ser creíbles, gozar de la confianza ajena, tendremos que olvidar el engaño, la mentira. El crédito que tenemos ante los demás es un tesoro frágil y no perenne, ya que se actualiza y revisa en cada acción, en cada diálogo, que acaban convirtiéndose en una constante prueba de confianza. Es responsabilidad de cada uno de nosotros relacionarnos desde la verdad, lo que no implica el ofrecimiento de toda la intimidad. Cada cual y en cada momento ha de valorar qué y cuánto de su intimidad quiere participar al otro.

La mentira puede hacer daño al destinatario pero en última instancia a quien más perjudica es al mentiroso, ya que le convierte en una persona poco fiable, indigna de confianza y carente de crédito. Lo dice el refrán: "En la persona mentirosa, la verdad se vuelve dudosa".

Algunas verdades sobre la mentira

Hay muchas clases de mentira: algunas pueden ser convenientes, pero lo más correcto es recurrir al engaño lo menos posible.

Sin intención de engañar, no hay mentira.

La intención que la motiva y los efectos que causa definen la gravedad de una mentira.

La mentira es tan dañina para quien la recibe como para quien recurre a ella.

Una nos lleva a otra, y puede marcar (siempre negativamente) nuestra manera de relacionarnos con los demás.

El mentiroso es un inseguro, o egoísta, o irresponsable, o inmaduro. O todo ello a la vez.

Una de las más perniciosas clases de mentira es el autoengaño. Si nos creemos y mostramos como no somos, nunca sabremos si nos quieren o desprecian a nosotros o a la imagen fraudulenta que nos hemos fabricado.

¿Vale un gesto más que mil palabras? Parece ser que sí. Al menos, a juzgar por las palabras de los expertos en comunicación que indican que más del 60% de la comunicación está dominada por nuestros gestos y ademanes, por el lenguaje no verbal. Estas conclusiones son muy recientes, ya que el estudio científico de este tipo de comunicación se inició a comienzos del siglo XX con la investigación de las expresiones del rostro, un trabajo cuyos resultados no fueron demasiado alentadores.

La importancia de los gestos

En la década de los cincuenta la investigación cobró fuerza y un grupo de científicos (entre los que destacaron Ray L. Birdwhistell, Albert E. Scheflen o Paul Ekman...) enfocó el tema siguiendo una metodología científica que analizó la comunicación en su conjunto, abarcando diversos campos de la ciencia, como la psicología, la psiquiatría, la sociología, la antropología... En el año 1971 Flora Davis publicó en Estados Unidos el libro "La Comunicación No Verbal", obra en la que recogió un resumen de estas investigaciones y que muestra cómo la parte visible de un mensaje es por lo menos tan importante como la audible, ya que los humanos nos comunicamos a muchos niveles simultáneamente, tanto de forma consciente como inconsciente.

La importancia que los diversos autores conceden a esta parte visible del mensaje "varía levemente, pero todos apuntan el predominio de lo no verbal frente a lo verbal", Albert Mehrabian, ya indicó que en la comunicación interpersonal el 93% del significado procede de lo no verbal (el 58% correspondería a los gestos, el 35% al uso de la voz para transmitir palabras y sólo el 7% restante del significado recaería en la importancia de la palabra). Otros autores, como Ray Birdwhistell, hacen recaer sobre los gestos el 60% de la comunicación, frente al 40% de la importancia de las palabras. La comunicación no verbal, como aclara Salgado, se compone esencialmente de:

Kinésica: Se trata de los gestos, las posturas y los movimientos del cuerpo.

Proxémica: Es la disposición de los objetos en un espacio, y cómo las personas se desenvuelven en un lugar. El mantenimiento de la conocida como "burbuja personal", la distancia, es algo de suma importancia en todas las culturas. Muchas veces, el hecho de que una persona nos caiga mal se debe a una diferencia en la percepción de la distancia mínima entre la otra persona y nosotros.

Paralenguaje: Es el uso de voz para transmitir las palabras.

Sonreír, mover las manos de un modo u otro… ¿dónde se encuentra el origen de nuestros gestos, son rasgos innatos o aprendidos?, son consecuencia de un proceso mixto entre aprendizaje y genética. No cabe duda de que hay gestos innatos, gestos que son propios de la sociedad en la que nos encontramos, y otros tomados por imitación, como un gesto o tic 'copiado' de nuestros progenitores. Pero no siempre ocurre de este modo y hay estudios que constatan que los niños, aun antes de nacer, ya sonríen; asimismo, los niños ciegos de nacimiento esbozan una sonrisa que no han podido aprender por imitación de quienes están a su alrededor. Otros gestos y elementos no verbales son culturales, "algunos comunes a todas las culturas, y otros específicos. En la cultura oriental, por ejemplo, el contacto táctil apenas existe, y el uso de colores en ceremonias y rituales es diferente al nuestro". Porque, efectivamente, los dos expertos coinciden en señalar que la educación que recibimos es crucial para nuestro comportamiento no verbal, un aspecto que revela más de lo que sospechamos de nosotros mismos. ¿Hay que tener en cuenta, entonces, este tipo de comunicación?

Una herramienta muy útil

No hay duda de la importancia del lenguaje que no se expresa con las palabras, ya que sólo alguien "que actúe o domine mucho la destreza de comunicación simulará o nos engañará". De hecho, la primera impresión es fundamental en casi todas nuestras relaciones con los demás. Lo que nos transmite alguien en un primer encuentro da lugar a una idea que se forma en nuestro inconsciente al instante de haber conocido a la persona. Un brevísimo período de tiempo que nos basta para decidir si alguien nos agrada o desagrada y si queremos mantener o no algún tipo de relación con ella. Porque el modo de saludar o movernos dice todo de nosotros, "desde el interés que tenemos por los demás hasta si nos encontramos nerviosos, seguros o extremadamente relajados", explica el profesor salmantino. Sala señala además que el lenguaje no verbal es esencial para transmitir sentimientos y sensaciones: "Miradas, gestos de apoyo… son imprescindibles para trasladar sentimientos a las personas de nuestro entorno", especialmente la mirada y las manos, una instrumento muy preciso para transmitir los estados de ánimo, "por lo que hay que saber utilizarlas como apoyo para enfatizar argumentos o ideas".

El cuerpo también "se chiva" cuando se miente o se fuerza una situación, y por este motivo las situaciones personales se resuelven mejor cara a cara que por teléfono u otro medio, donde se puede perder una importante parte del mensaje, aunque también la voz transmite mucha información. Una frase puede ocultar el significado contrario al que está expresando, según la entonación que se utilice, y los silencios también transmiten mucha información sobre cómo se encuentra realmente el otro, "bien por otorgar, bien por ser valorativos...".

Los profesionales de los medios de comunicación visuales o los políticos son grandes conocedores de la importancia de controlar la postura o las expresiones faciales, y saben que todo comunica, desde el uso de los gestos y la voz hasta el diseño de los platós de televisión, el uso del vestuario, los colores... Un ejemplo de ello fue el primer debate televisado de la historia, que enfrentaba a Nixon y Kennedy. Quienes lo escucharon por la radio dieron la victoria a Nixon, por la consistencia de su discurso; por televisión, el vencedor fue Kennedy, debido a su soltura y capacidad de transmitir mediante el lenguaje no verbal. "La comunicación no verbal es una orquesta en donde cada instrumento debe estar correctamente afinado, y entrar en el momento justo", indica Salgado, motivo por el que todos los profesionales relacionados con la imagen aprenden a dominar su propia comunicación no verbal, tanto como a estructurar su discurso.

Conocer el lenguaje no verbal puede servir de ayuda también para enfrentarse a una entrevista laboral, donde los entrevistadores intentan obtener la información que no consta en un currículo: la seguridad y la confianza del candidato, cómo se desenvuelve con las personas, su educación... Un estudio realizado en Reino Unido mostró que la mayoría de las empresas se basan únicamente en la entrevista como método para contratar personal, por lo que causar "una buena impresión inicial en una entrevista de trabajo puede ser incluso más importante que el currículum o las buenas referencias".

Para los que no dominen sus nervios, existe una esperanza,   expertos discrepan a este respecto y asegura que el lenguaje no verbal no resulta tan decisivo a la hora de asignar un puesto de trabajo a un candidato, ya que si quien realiza estas entrevistas no es un profesional y se deja guiar por los estereotipos, puede actuar en perjuicio del entrevistado, otros son más partidarios de utilizar la comunicación no verbal, en estas ocasiones, para reforzar al otro mediante una escucha activa que se manifieste con gestos de respaldo hacia el candidato, "como mirar con atención o echar el cuerpo hacia delante demostrándole interés". Asimismo, señala la importancia de tener en cuenta que los gestos no se pueden interpretar por separado para evitar obtener conclusiones erróneas. Porque, ¿qué puede decir de nosotros nuestro cuerpo?

Las pistas

Teniendo en cuenta las afirmaciones de la psicóloga, y evitando conceder una excesiva importancia a las señales que envía nuestro cuerpo, generalmente hay una serie de indicadores en los que los expertos se muestran de acuerdo:

Manos: Generalmente, las palmas hacia arriba y abiertas indican honestidad. Por el contrario, hacia abajo, significan una posición dominante y en ocasiones, poca honestidad. Cerrar la mano y apuntar con un dedo, suele indicar una posición dominante y agresiva. En cuanto a los apretones de mano, si las manos están verticales, significa igualdad. Si una mano está encima, significa dominio y si está debajo, sumisión y recato. Cuando se hace con fuerza significa seguridad. Frotarse las manos significa que hay expectativas positivas o un buen entendimiento entre las partes. Juntar las yemas de los dedos de las manos puede indicar un alto grado de confianza en uno mismo.

Cara: Cuando la mano tapa la boca es señal de mentira, así como tocarse la nariz en múltiples formas o frotarse los ojos. Los ojos muy abiertos, denotan sorpresa, admiración, mientras que los ojos más cerrados o forzadamente cerrados denotan desconfianza, seriedad y desaprobación. Las personas que miran a los ojos suelen inspirar más confianza y ser más sinceras que las que rehúyen la mirada. La mirada puede ser: de negocios, cuando se mira la franja comprendida entre los ojos y la frente; social, que comprende la franja entre los ojos y la boca; e íntima, que comprende la franja situada entre los ojos y el pecho, y puede llegar a recorrer todo el cuerpo. Las miradas de reojo demuestran complicidad o duda.

Cruzar los brazos: es un signo de actitud defensiva, y si se hace con los puños cerrados significa, además, una actitud hostil. Si se cruzan con los pulgares fuera, demuestra superioridad. Si solo nos agarramos un brazo, es un signo de expectantes, una duda entre cruzar los brazos y crear una barrera o soltar el brazo cogido y mostrar confianza al interlocutor.

Cruzar las piernas: También denota una actitud defensiva o desconfianza. Si los brazos, además, sujetan la pierna, significa una actitud cerrada, de terquedad. El cruce de piernas si se está de pie denota actitud a la defensiva, pero si se mantienen ligeramente abiertas denota cordialidad y talante negociador. Si se cruzan los tobillos, es una actitud intermedia entre pasar a defensiva y mostrar confianza.

Si bien es cierto que las personas menos expresivas tienen limitada su capacidad de comunicación, la espontaneidad o la "gracia" no es una medicina que sirva para curar todos los males comunicativos, que incluso "un exceso de estas características puede llevarnos a conseguir un efecto totalmente contrario al que buscamos". Las personas más tímidas o menos expresivas deberían, por tanto, tomar el arma de la naturalidad, pues ser natural es la mejor manera de ser persuasivo: "Actuar tal y como somos y creer en lo que decimos es la fórmula más acertada para saber reaccionar en cualquier momento de expresión pública".

El lenguaje da forma a los pensamientos. Pero éstos también pueden transmitirse a través de los gestos, las muecas o diferentes movimientos corporales que suponen más del 60% de la información dada en una conversación. Sólo así se entiende que una sonrisa sea en ocasiones suficiente para demostrar que estamos alegres, mientras que unos brazos caídos o unos ojos tristes denotan el cansancio al final del día. Expertos en el tema aseguran que cada gesto tiene su significado y revelan la certeza de aquel refrán que afirma que "la cara es el espejo del alma".

Qué es

Conocer el propio cuerpo y aprender a controlarlo es fundamental en determinados momentos, sobre todo, cuando hablamos con los demás. Y es que entre un 55% y un 70% de la comunicación transmitida en una conversación es comunicación no verbal compuesta por más de un centenar de mensajes que se emiten a través de gestos o actitudes, mientras que sólo un 35% correspondería al habla.

Los sentimientos, las inquietudes, los pensamientos... Todo queda reflejado en nuestro cuerpo, que lo procesa y lo lanza al exterior sin mediar palabra para que sea interpretado por el contrario, quien, a su vez, también puede decir mucho sin abrir la boca gracias a un conjunto de señales emitidas, en su mayoría, de manera inconsciente pero muy expresiva.

En su libro, "La comunicación no verbal", la autora Flora Davis recalca que la capacidad de descifrar esos gestos y movimientos es innata a todas las personas desde la infancia, de manera que somos capaces de reaccionar de diferente manera ante unos u otros movimientos porque conocemos su significado de antemano.

No obstante, algunos discrepan de esta idea ya que, "el lenguaje corporal sólo es un acompañamiento de lo que la persona dice. Hay que tener en cuenta también lo que dice y cómo lo dice porque de lo contrario se limita mucho la información".

"Transmitimos mucha información, pero siempre se tiene que tener muy claro de qué va acompañada esa información. El lenguaje es nuestra forma prioritaria de comunicarnos".

Principales gestos

En ocasiones, apenas cinco minutos son suficientes para causar una buena o mala primera impresión. Un corto periodo de tiempo en el que el interlocutor se forma una idea sobre el otro y decide el tipo de relación que les unirá. Alterar esa idea posteriormente aún será posible, pero cabe la posibilidad de que la información que transmita nuestro cuerpo lo complique.

Por esta razón, resulta muy importante ofrecer la mejor imagen de uno mismo desde el primer momento, no mostrar los defectos demasiado pronto y tener una buena idea sobre nosotros mismos ya que, en ocasiones, puede ocurrir que esa imagen influya en la que damos a los demás.

Por otro lado, es muy importante mantener la distancia con el contrario y no invadir su espacio personal, cuyo acceso suele estar permitido sólo a los amigos más íntimos, las parejas o los familiares. Rebasar sus límites puede conllevar una mala impresión sobre quien lo hace y, en el caso de que sea un hombre quien acceda al espacio de una mujer, ésta lo puede interpretar como una insinuación sexual y sentir rechazo inmediato.

En este sentido, diversos estudios apuntan a que la falta de espacio puede llevar a un estado de tensión importante, en el que las reacciones de quien se siente acosado carecen de control y generan un escenario hostil entre ambos, que se refleja también mediante el lenguaje corporal, con movimientos de frialdad y rechazo.

El lenguaje del bebé

El lenguaje no verbal acompaña al individuo durante toda la vida, de manera que no se comporta igual cuando está alegre, que cuando engaña o ama. Son gestos que se aprenden muy temprano y que, con el paso de los años, se adaptan a la propia personalidad. "El lenguaje corporal pertenece al inconsciente colectivo, a nuestra forma originaria de comunicarnos".

Antes de nacer, los bebés establecen una sincronía con la madre, al moverse en el útero tal y como lo hace la progenitora en el exterior. Después de nacer, el bebé adapta sus movimientos a las palabras de quienes le hablan y trata de recuperar la unidad que sentía en el interior de la madre, quien deberá interpretar adecuadamente sus señales.

Limitado en sus desplazamientos, el niño depende siempre de un adulto y es a estos, precisamente, a los que informa sobre sus necesidades, pese a que en los primeros meses de vida lo haga, sobre todo, mediante lloros.

Más adelante, cuando crecen, los bebés comienzan a señalar directamente, con el dedo índice, el objeto de sus deseos, y recurren también a la mirada para dar a conocer la información relativa a su estado de ánimo o sus necesidades. Además, el bebé irá captando las reacciones y comportamientos del adulto ante determinadas circunstancias, así como su significado, para, posteriormente, imitarle y facilitar a los mayores la comprensión de sus gestos.

Expresar a través del cuerpo

El cuerpo humano está compuesto de cabeza, tronco y extremidades. Tres partes fundamentales que sirven para expresar multitud de pensamientos y sentimientos, si bien la mayoría de los profesionales consideran al rostro "fundamental" para entender el lenguaje corporal. "Constituye la parte más expresiva del cuerpo".

Mirada

Dentro de la cara, los ojos destacan como el elemento más llamativo y capaz de transmitir una mayor cantidad de información. El contacto visual suele ser el primero que se establece con otra persona y, en muchas ocasiones, depende de él que esa relación siga adelante. Los hombres suelen mirar directamente a los ojos y mantienen la mirada. Las mujeres, por el contrario, prefieren miradas cortas, tímidas, y optan por dirigir la vista hacia otro lado cuando se cruzan con la de un desconocido, aunque sientan atracción hacia éste y su pupila se dilate visiblemente.

Los ojos pueden indicar si la persona que habla está triste, alegre, nerviosa, preocupada... Todas las emociones pueden ser manifestadas a través de la mirada. "Los ojos son la puerta de entrada. Un resumen de lo que se piensa. Pero hay que fijarse en el conjunto". "Los ojos pueden decir algo, pero no describen la inteligencia de la persona. Para ello conviene estudiar con detenimiento la estructura de la frente, la boca o los orificios de la nariz. De esta manera, hasta las personas más inexpresivas transmiten información", la mirada puede llegar a crear en el interlocutor determinadas emociones, como rechazo y miedo -ante una mirada fija y sostenida- o simpatía y atracción -ante una mirada serena-, se recuerda que, "de una manera u otra, cualquier contacto entre dos personas se inicia siempre con una mirada".

Sonrisa

Suele ser la carta de presentación. La que diferencia a una persona sincera, cuya sonrisa muestra ligeramente los dientes superiores, de otra menos sincera, cuya sonrisa es más cerrada. Sirve para expresar alegría, tristeza, inseguridad, ternura u hostilidad, y, llevada al extremo, puede desconcertar a quien la recibe y hacerle pensar que nos estamos riendo de él. En una conversación, inspira tranquilidad y confianza al interlocutor y permite crear una relación más cercana con él.

Manos

Aunque unos recurren más a ellas que otros, las manos constituyen las extremidades más utilizadas por el ser humano y han dado lugar, a lo largo del tiempo, a la definición de una serie de gestos universales como aquel que indica el sueño cuando alguien apoya la mejilla sobre su mano.

Algunas personas gesticulan tanto al hablar que suele decirse que hablan con las manos, sin duda, una parte fundamental de apoyo al lenguaje. Cuando se agitan nerviosamente, revelan la tensión de quien las mueve, mientras que una caricia da idea del afecto hacia el otro y ocultar la mirada con la mano desvela la vergüenza ante una situación concreta. Cada individuo, cada cultura, tiene una forma particular de mover las manos, pero en todos los casos su utilización ofrece una información adicional a la de la propia conversación.

Postura

Diversos estudios llevados a cabo por psicólogos, aseguran que la postura adoptada por una persona dice mucho de ésta. Además, está comprobado que, en una conversación, los interlocutores que comparten un mismo punto de vista tienden a compartir también una misma postura, de forma que si uno de ellos la cambia, el otro se "reacomoda" a la nueva.

De la misma manera, cuando dos personas mantienen opiniones contrarias, el cuerpo es también la expresión de ese distanciamiento, con movimientos diferentes que sirven de barrera entre un individuo y otro.

Tema 11. ¿Cómo afrontar los conflictos?: Objetivo: una solución que guste a las dos partes.

El conflicto es un hecho natural en nuestra vida. Hay conflictos entre padres e hijos, parientes políticos, jefes y subalternos, compañeros de trabajo, socios, amigos...

¿Quién no ha tenido experiencia de lo que es un conflicto? Se habla de personas conflictivas y de situaciones conflictivas, pero el conflicto es la esencia misma de la vida. Nos lo encontramos a cada momento. Ahora bien, se convierte en un problema cuando se convierte en norma o hábito, cuando caracteriza el conjunto del comportamiento. Si el conflicto ocupa una parte tan importante de nuestra vida, la habilidad que mostremos en gestionarlo reviste una gran importancia para nuestro equilibrio personal e incluso para nuestra calidad de vida.

La palabra conflicto en su origen significa choque

Hasta en las relaciones más amistosas y placenteras surgen ocasionalmente los choques. Hay un conflicto interpersonal cuando alguien encuentra en el comportamiento de los demás un obstáculo que se interpone para el logro de los propios objetivos. En la medida en que las personas tenemos historias personales diferentes y, por lo tanto, deseos, opiniones y necesidades diferentes es normal que haya comportamientos diferentes y por tanto choques, debates y colisión de intereses. En esas situaciones hacemos valer nuestras necesidades e intereses del mismo modo que las otras personas hacen valer los suyos. La fuerza de esos intereses es la que determina la intensidad del conflicto y que la posición sea conciliable o no.

¿Cómo nacen los conflictos entre personas?

Por la subjetividad de la percepción. Las personas captamos las situaciones de una forma muy diferente. Por mucho que pretendamos ser objetivos, la distorsión es difícilmente evitable.

Por una información incompleta. Hay juicios y opiniones que se emiten conociendo sólo una parte de los hechos.

Por fallos en la comunicación interpersonal. Porque el emisor no emite en condiciones, porque el código (palabras, gestos...) no es el adecuado o porque el receptor no sabe, no puede o no quiere descifrar el mensaje. Y, además, casi siempre las palabras son insuficientes para transmitir los pensamientos.

Por diferencias de caracteres.

Por la pretensión de las personas de igualar a los demás con uno mismo. Esa dificultad que se suele tener de aceptar a las personas como son, sin juzgarlas. Dificultad simplemente para "dejarlos ser".

Thomas Gordon, en una obra titulada "La docena sucia" expone algunas de las actitudes que provocan conflictos:

Ordenar, dirigir, mandar, imponer. Lo cual produce en las otras personas miedo, resistencia, rebeldía o actitudes defensivas. A menudo los individuos se sienten rechazados si sus necesidades personales han sido ignoradas y se sienten humillados si tales conductas se dan delante de los demás.

Amonestar, amenazar. Pueden lograr que el otro obedezca pero será sólo por temor

Moralizar, sermonear, crear obligación. Su intención es que el otro se sienta culpable, obligado y atado. Las personas sienten la presión de tales mensajes y frecuentemente se resisten y desatienden.

Aconsejar, dar soluciones. No es verdad que la gente siempre quiere un consejo. El consejo, la advertencia, implican "superioridad" y pueden provocar que el otro se sienta inadecuado o inferior. El consejo puede hacer al otro un ser dependiente, no promueve su propio pensamiento creativo.

Persuadir con lógica, argüir, sentar cátedra. La persuasión frecuentemente hace que el otro defienda su propia posición con mayor fuerza. El hecho de tener la lógica de nuestro lado no trae siempre consigo una mayor obediencia o un asentimiento de los demás.

Juzgar, criticar, censurar. Más que ningún otro mensaje, éste hace que la persona se sienta incómoda, incompetente o tonta.

Ridiculizar, avergonzar. Tales mensajes tienen un efecto devastador porque destruyen la imagen que el otro tiene de sí mismo.

Interpretar, analizar, diagnosticar. Decirle al otro qué es lo que realmente está sintiendo, cuáles son sus verdaderos motivos o por qué está actuando de tal manera, puede ser muy amenazante. Hacer el papel de psicoanalista con los demás es peligroso y frustrante para ellos. Las interpretaciones frenan la comunicación porque desaniman al otro a expresar más de sí mismo.

Preguntar, interrogar, sondear. La respuesta de las personas al sondeo o interrogatorio es a menudo sentirse en el banquillo de los acusados. Muchas personas sienten que el interrogador es un entrometido. Las preguntas restringen de forma drástica la cantidad de información que podrían dar los demás si solamente se les animara a que hablaran de forma espontánea.

Distraer, desviar, hacer bromas. En general somos muy serios cuando hablamos de algo personal. Cuando nos responden bromeando esto puede hacernos sentir heridos o rechazados. Y la consecuencia es el silencio y el bloqueo.

¿Qué repercusiones tiene el conflicto?

El conflicto puede generar tanto consecuencias negativas como positivas.

Cuando el conflicto se enquista y es duradero se almacena presión que puede ser fuente de violencia.

En la medida que origina frustración produce hostilidad y resentimientos contra el otro.

Puede llegar ser la causa de aumento de la ansiedad y de múltiples síntomas psicosomáticos, como dolores de cabeza, insomnio, etc.

El conflicto estimula defensas individuales y por eso aumenta la capacidad de los individuos para afrontar situaciones.

Ayuda a que se consolide el realismo en las personas en la medida que a lo largo de la vida se va percibiendo que la realidad es terca y los choques van colocando a cada cual en su lugar, de tal manera que se terminan estableciendo los propios límites y el respeto a los derechos ajenos.

Cuando los conflictos son de un grupo contra otro, los grupos se cohesionan internamente.

¿Cómo se manejan los conflictos?

Formas inadecuadas.

Provocar soluciones extremas como la represión que lo cubre sin resolverlo, olvidando que enterrar un sentimiento intenso es como enterrar a un vivo.

Convertir los conflictos sobre cosas o cuestiones en conflictos personales.

Utilizar mecanismos de defensa como la negación del conflicto, la excesiva racionalización o desplazarlo a otras personas.

Adoptar actitudes dogmáticas que y rígidas que anulan toda posibilidad de diálogo.

Utilizar la táctica de negociar al "todo o nada", en lugar de buscar puntos intermedios.

Etiquetar al otro de tal manera que se considera imposible la posibilidad de que cambie.

Utilizar el monólogo disfrazado de diálogo. La persona se escucha a sí misma en lugar de a los otros.

Pretender resolver los conflictos sin haberlos identificado bien previamente.

Confundir confusión con polémica. Discutir es razonar para aclarar y polemizar es luchar para ver quién gana.

Dramatizar las situaciones conflictivas exagerando situaciones y ver catástrofes donde no las hay. Lo cual induce a caer en manos de las emociones y a que se produzcan reacciones viscerales.

En resumen: cuando se utiliza el método "yo gano-tú pierdes" las personas se terminan encerrando en sus posiciones tercas, no se quiere perder porque se ven deslegitimados los propios argumentos y aspiraciones, surgen los resentimientos cuando los que pierden se sienten doblegados y perciben que sus peticiones no han sido escuchadas. La derrota llama a la revancha porque el que pierde no se resigna al silencio. Los ganadores logran salirse con la suya pero no logran comprometer a los perdedores con los objetivos que querían acometer. Han vencido pero no han convencido.

Formas adecuadas de manejar los conflictos.

Actitudes

- o Aceptar que el conflicto es parte de la condición humana, que es un estímulo para el desarrollo, que favorece el progreso y los cambios y que hay que aprender a convivir con él.

- o Afrontar los conflictos más que evitarlos.

- o Evitar atribuir los conflictos a la mala voluntad de la gente. Aceptar las diferencias personales y no convertir los conflictos de situaciones en conflictos personales.

- o Aprender a dialogar cultivando la empatía escuchando y entendiendo al otro.

- o Distinguir entre discusión y polémica. Aceptar que quien dialoga asume el riesgo de ser persuadido y de tener que cambiar sus ideas o actitudes.

- Fomentar la actitud mental de que un conflicto se resuelve mejor con el "ganar-ganar" que con el "ganar-perder".

- Encauzar la agresividad evitando los dos extremos: reprimir o explotar. Dar oportunidades a que se produzcan desahogos, expresando los propios sentimientos.

Técnicas

- Analizar los problemas.

- Diagnosticar el problema tras formularse una serie de preguntas

- Buscar todas las alternativas de acción con verdadero deseo de mejorar las cosas.

- Sustituir las expresiones "TÚ" ("Tú no me haces caso", "Tú te crees el amo", "Tú siempre quieres tener razón") por las expresiones "YO"("Yo me siento marginada", "Yo me siento triste con estas situaciones") o En casos especiales recurrir a la mediación de personas por las partes en conflicto.

o Utilizar técnicas de relajación para conducir las discusiones con serenidad.

En resumen, con el método "Todos ganan" ambas partes participan en la propuesta de alternativas. La persona no se satisface a cuenta de que la otra quede insatisfecha. Ambos se esfuerzan por encontrar soluciones que satisfagan a los dos. Los conflictos bien gestionados ayudan a crecer, a estimular las habilidades de negociación y terminan fortaleciendo la relación interpersonal.

Tema 12. Hablar en público: métodos

Hablar en público debería ser la materia más importante de primero de básica. Primero hay que dominar la palabra y nos deberían enseñar el manejo de la palabra hablada. De manera continua, en nuestra vida vamos a entregar y recibir palabras. El esfuerzo, por tanto, merece la pena. Sin embargo, no se hace porque, en mi opinión, tenemos demasiado miedo a la libertad de pensamiento de los demás. He tenido tres reuniones con representantes del Ministerio de Educación, con muchos rectores, pero no hacen caso. Quien domina la palabra aventaja a los demás, sin duda alguna. Por desgracia, la gente habla muy mal: políticos, profesores, cobradores de deudas y locutores de radio y televisión también.

Comunicar es transferir y si yo no domino la palabra no voy a sacar el máximo partido posible de mi preparación, estudios y experiencia vital. Por supuesto, uno de los temas fundamentales es el diálogo. Aquí no dialoga nadie. La razón es que no se nos ha enseñado a dialogar y que el diálogo tiene unas exigencias muy duras que la gente no está dispuesta a asumir.

Dialogar es un término griego formado por la palabras "Dia" que significa "a través de". Esto significa que ante un asunto cualquiera, globalización sí o no, crisis económica... yo te entrego un paquete de mis ideas y tú la analizas, las compulsas, ves puntos fuertes, débiles... y me las entregas a mí. Y yo hago lo mismo con las tuyas. Y al final cada uno descubre ciertos aspectos en los que es posible que uno y otro estén equivocados, o en lo cierto. Poder dialogar significa voluntad de dialogar, de buscar una verdad mejor, más perfilada, tener un criterio sobre las cosas. Ahora bien, esos criterios, por simples que sean, deben estar cubiertos de una capa de oro de 24 quilates, el oro de una cierta provisionalidad. El que crea haber llegado a la verdad definitiva ha muerto.

La gente habla pero no dialoga. Si nos fijamos y vemos a dos amigos conversar te das cuenta que no dialogan; uno está tratando de colocar su discurso completo al otro y el otro al uno. Nos interrumpimos constantemente en las conversaciones porque no nos importa lo que nos está diciendo el otro. Las personas no queremos dialogar para que no nos quiten la seguridad, sobre todo la intelectual, porque así nos han educado: la pareja segura, el trabajo seguro, la casita segura, etc. que está muy bien pero una persona que no comulga con esto hace temblar muchas columnas, no interesa.

La comunicación interpersonal además de ser un placer es simplona, lo que ocurre es que la han mitificado. El orador debe tener en cuenta una serie de preguntas: quién soy yo, de qué sé hablar o para qué me he preparado, a quién me dirijo, cuándo hablo o por qué hablo, dónde hablo, de qué medios me valgo... y en esa combinación es muy difícil aburrir. Para que la comunicación sea eficaz es necesario basarse en tres grandes amores, que son: amor a uno mismo, amor al destinatario del mensaje y amor al mensaje. Y eso se logra con mucho esfuerzo. Si falla alguno de ellos, hablarás pero no comunicarás, o comunicarás pero en una menor medida de que podrías hacerlo. No se trata de hablar sino de comunicar. Hablar con eficacia es comunicar. Puedes hablar con mucha elegancia, muy floridamente... pero si no hay amor en la palabra y placer escénico, hablarás, pero no comunicarás.

Los refranes recogen la sabiduría popular, lo que ocurre es que también recogen disparates populares. Todos los refranes tienen varias lecturas. Es evidente que el que tiene boca se equivoca, pero no hay que llevarlo al límite, aunque está bien la llamada a la prudencia. Comunica o no comunica. O me llena o no me llena, o le entiendo o no le entiendo.

Las técnicas del mantenimiento de la atención son algo fundamental en comunicación verbal. Si no mantengo atento al sujeto, ¿para qué hablo? Hay que pensar que quien te escucha es un león hambriento y astuto, entonces o le alimentas con contenido intelectual o te come. Con contenido intelectual no me refiero a filosofía: puede ser un viaje de vacaciones, el problema sobre la enfermedad de un familiar, etc. El receptor no quiere palabrería hueca, no listados interminables de sinónimos, tan utilizados por los profesores y políticos. No comunica mejor el que más habla. La palabra es una intermediación entre dos cerebros, y no podemos permitir que las palabras se caigan de la boca como unas monedas del pantalón. Las palabras hay que entregarlas con la máxima conciencia y con "tacañería", lo que se pueda decir con cuatro palabras mejor que con ocho.

La globalización acelerada que vivimos en el siglo XXI gracias a la extensión de las comunicaciones aéreas y el desarrollo de la Red, nos enfrenta al que quizás sea el principal impedimento para una humanidad vista como una comunidad global: las barreras idiomáticas. Especialmente frustrante es este hecho para muchos españoles, poco inclinados al estudio del inglés y que ahora se ven obligados a formarse a marchas forzadas.

Las aplicaciones para realizar traducción simultánea de conversaciones a distintos idiomas pueden ser la solución, tanto en el campo laboral como al hacer turismo.

Si las aplicaciones para traducir letreros e indicaciones mediante la cámara del smartphone fueron un primer paso en el uso de la tecnología para superar las barreras idiomáticas, ahora le toca el turno a la incipiente tecnología de traducción en tiempo real, o simultánea, que ha tenido en fechas recientes varias novedades y que promete ser un activo importante de cara al futuro.

Por el momento, destacan programas que, con mayor o menor fortuna, realizan traducciones entre los idiomas que detectan, de modo que primero el móvil escucha a través del micrófono la frase o párrafo recitado por el primer usuario y después lo traduce al idioma del segundo y se lo recita. La mayoría de las traducciones no son perfectas, pero con un poco de sentido común, es fácil deducir lo que nuestro interlocutor nos quiere decir. Además, es bastante probable que los programas mejoren mucho en los próximos años.

De este modo, podemos mantener reuniones de trabajo con socios de otros países o con clientes, lo que nos permite trabajar en el ámbito global y de exportación, una realidad cada día más común. También son idóneos para autónomos que quieran ampliar su rango de trabajo al extranjero, ya que gracias a algunas de estas aplicaciones -y a otras que se espera se extiendan en el futuro-, que se incorporan a los sistemas de videoconferencia, es perfectamente factible mantener una reunión a distancia con un cliente extranjero que nos encarga un determinado trabajo.

Finalmente, por supuesto, en el turismo este tipo de aplicaciones también encontrarán una gran aceptación -siempre que logremos superar la barrera del roaming-, ya que nos permitirán demandar con facilidad numerosos servicios, preguntar por calles, atender y entender las indicaciones que nos den e, incluso, mantener conversaciones más o menos livianas.

Principales aplicaciones

Tal vez la novedad más notable en el último mes haya sido el programa Skype Translator para el servicio Skype, actualmente propiedad de Microsoft. Es un servicio de traducción de conversaciones por videoconferencia en tiempo real y de conversaciones por mensajería. Estas dos vías se complementan a la perfección en Skype. Se basa en el envío de los datos a los servidores de Microsoft, donde el potente programa Microsoft Translator hace la traducción y la envía al destinatario.

Cualquier usuario puede darse de alta en la página de Skype Translator, si bien se necesita en principio un dispositivo con el sistema operativo Windows 8 como mínimo para que el programa funcione. Por otro lado, en las diversas pruebas realizadas por los medios de comunicación, se destaca que la traducción no es perfecta, pues depende mucho de la correcta pronunciación que demos a nuestras palabras, de que hablemos despacio y claro y de que usemos un micrófono dedicado y también unos auriculares. Ahora bien, el sistema es muy prometedor y de momento permite traducir entre cuarenta idiomas. Se desconoce cuándo se desarrollará como aplicación móvil.

Sin embargo, Skype Translator no es el primer sistema de este tipo, ya que desde antes, y utilizando precisamente los servidores de Microsoft para hacer su trabajo, existe la aplicación Speak and Translate, que aumenta su rango de traducciones de cien idiomas. La versión gratuita permite traducir frases cortas, pero la de pago aumenta mucho su potencialidad por el coste de 3,25 euros. Solo está disponible para Android.

Similares prestaciones tiene SayHi Translate, que identifica cien idiomas, dialectos incluidos, y los traduce desde el móvil del usuario en modo conversación. También permite escribir frases y ver en la pantalla su traducción a otros idiomas, contempla diferentes acentos para cada lengua y ofrece cuarenta voces distintas, definidas por los acentos, para realizar las traducciones a los idiomas más importantes. Está disponible para iPhone y tiene un coste de 1,79 euros para acceder a 41 idiomas. El resto se ofrecen mediante un paquete premium, por suscripción de tres o seis meses, a un importe de 2,69 y 4,49 euros, respectivamente.

Finalmente, en las últimas semanas ha aparecido en el mercado de las aplicaciones una versión de traducción simultánea de la aplicación Google Traductor para los sistemas operativos Android e iTunes. Si bien no es una réplica de Skype Translator, ya que es una aplicación para móviles y de momento no se traslada al servicio de videoconferencias hangouts, podría serlo en el futuro. Por ahora, realiza las mismas funciones que las aplicaciones antes citadas. Traduce las conversaciones de manera alternativa de un idioma a otro, aunque no se puede aplicar a una conversación telefónica.

¿Se ha visto obligado a pronunciar un discurso ante un auditorio pendiente de cada gesto y cada palabra que sale de su boca y, llegado el momento, ha pensado que no podía articular palabra? No es el único; sentir un agudo pinchazo en el estómago momentos antes de hablar en público es un mal habitual, más extendido de lo que puede parecer a simple vista, y que no sólo padecen las personas más tímidas e inseguras.

Tener que pronunciar una conferencia o exponer un proyecto de empresa ante un grupo de compañeros son situaciones que afectan de manera especial a las personas que no tienen seguridad en sí mismas. Pero es una circunstancia frecuentemente temida en la población general y son cerca de un 25% los adultos que experimentan temor ante la idea de hablar en público y que necesitan recurrir a nuevas técnicas de comunicación, sobre todo cuando es la primera vez o cuando se hace ante desconocidos. Incluso las personas muy acostumbradas a enfrentarse a la opinión pública sienten el llamado "pánico escénico", que es un "mal relativamente común incluso entre profesionales como los actores".

Las situaciones que provocan la necesidad de enfrentarse ante un público son muy variadas: un político en un mitin, un profesor ante su clase, un abogado durante la celebración de un juicio... Son muchas las ocasiones en que un individuo necesita dirigirse a un público y captar su atención, pero no todas las personas resuelven la situación de igual manera y las reacciones son tan variadas que abarcan un amplio abanico: desde quienes sienten la más absoluta tranquilidad hasta los que sufren crisis de pánico. En esta reacción influyen muchos factores, , como la vulnerabilidad genética, causas psicológicas (alta sensibilidad a la ansiedad), la educación recibida o haber pasado por situaciones similares que no hayan sido satisfactorias.

La más común de las reacciones ante el reto de hablar en público es experimentar una gran ansiedad, un temor a la posible evaluación de los demás, a actuar de un modo humillante o embarazoso. La ansiedad que genera enfrentarse a un auditorio va con frecuencia unida a síntomas fisiológicos, que se describe como palpitaciones, temblores, sudoración, molestias gastrointestinales, tensión muscular, enrojecimiento y sudoración excesiva, "síntomas que se presentan tanto antes como durante la charla". Pero, salvo en el caso de que se trate de una patología, desaparecen durante el curso de la ponencia.

Porque el miedo a hablar en público no es un trastorno, aunque para algunas personas puede llegar a convertirse en un obstáculo insalvable, como explica Rosario Linares: "Una cierta activación es en principio positiva, porque facilita y motiva el logro de una adecuada comunicación, pero si se convierte en ansiedad puede llegar a convertirse en un problema de incapacidad para la persona". Cuando se trata de un problema de salud, como en los casos de fobia social, los especialistas basan el tratamiento en técnicas para manejar la ansiedad y en sesiones de exposición en realidad virtual, donde el afectado se expone a la situación temida.

Si, por el contrario, no se trata de una patología, sentir miedo a hablar en público no incapacita a una persona, pero sí puede provocar una comunicación ineficaz que ocasione graves contrariedades, como suspender un examen oral, aunque estuviera muy bien preparado, o perder la oportunidad de ascender en el trabajo debido a la incapacidad para expresar las ideas de un modo brillante. ¿Cómo solucionar este problema?.

 Fácil solución

En la mayoría de los casos, la solución es sencilla, "más fácil de lo que cabría imaginar" , sólo se trata de aprender unas técnicas adecuadas de comunicación que nunca nos han enseñado. "No es difícil y aunque algunas técnicas requieren un periodo de entrenamiento, otras son simples trucos que dan excelentes resultados", siempre que no se trate de una patología, "y con el trabajo adecuado, se puede vencer el miedo a enfrentarse al público". Aunque se trate de un mal extendido entre toda la población, es innegable que existen profesiones que exigen ejercitar la capacidad oratoria en mayor medida. Por este motivo, cada día son más numerosos los profesionales "de un cierto nivel de responsabilidad, como directivos, empresarios, comerciales, e incluso formadores", que recurren al aprendizaje de las técnicas de comunicación que les permitan desarrollar su actividad de manera más efectiva.

En los cursos o entrenamientos personales de comunicación se detectan las debilidades de cada persona así como sus aptitudes y se las entrena "de manera personalizada, atendiendo a cada caso particular", no dudando en calificar como "espectaculares" los resultados que se obtienen. Pero, además de las técnicas adaptadas a cada necesidad concreta, existe una serie de ejercicios comunes para todos aquellos que se enfrenten ante un auditorio:

Ejercicios de relajación que deben realizarse antes de empezar la presentación de un tema ante el público.

Dominio de la respiración

Concentración

Control corporal, un aspecto "muy importante", según explican los expertos de la academia madrileña El Submarino, porque el lenguaje no verbal, es decir, los gestos que se realizan mientras nos dirigimos a un auditorio, "dicen mucho más de lo que creemos sobre el miedo o la inseguridad que sentimos". Así, mover los pies nerviosamente, jugar con las manos o mantener los ojos fijos en el texto escrito mientras se pronuncia un discurso, "son signos que pueden ser entendidos por el público que nos escucha como falta de confianza o incompetencia".

Aprender las técnicas adecuadas para relajarse antes de hablar en público es la herramienta más útil para ganar confianza en sí mismo y superar el pánico. Pero hay que andarse con cuidado, porque, existe un peligro que puede ser tan perjudicial como el "pánico escénico": relajarse en exceso. Así, la especialista explica que no es aconsejable acudir demasiado tranquilo a pronunciar un discurso o una conferencia, "pues en ese caso le faltaría la dosis de pasión y de energía que nos infunde la tensión previa y el interés por hacerlo bien".

Los mejores trucos

Además de relajarse y practicar ejercicios de respiración y concentración, los expertos consideran imprescindible seguir determinadas pautas, una serie de "trucos" que permiten acertar en el modo de realizar una exposición oral y no dejarse atrapar por el miedo ni por el exceso de tranquilidad:

> Preparar a fondo el tema sobre el que se va a hablar. La mejor receta contra los nervios es conocer todos los detalles de la cuestión que se va a tratar, ya que dominar un tema proporciona confianza y da seguridad al ponente a la hora de explicarlo ante los demás.

> Conocer al auditorio ante el que se va a enfrentar. Es imprescindible que el orador sepa de antemano cuáles son los intereses del público y, sobre todo, su grado de conocimientos sobre el tema de la disertación.

Contacto visual. Antes de hablar, debe atraer la atención del público mirando al conjunto del auditorio. Después, es necesario mirar a los ojos del público y observar sus expresiones, comunicarse con él.

Hacer una exposición clara y ordenada. El discurso debe tener, claramente diferenciados, una introducción, un desarrollo y una conclusión.

Utilizar un lenguaje claro, con palabras fácilmente comprensibles, pero sin caer en el uso de expresiones excesivamente coloquiales.

Ser conciso. Estructurar bien el tiempo y no alargarse en exceso. Es preferible ser breve que no saber terminar y aburrir al auditorio.

Estar preparado para improvisar. Acortar el discurso si observa aburrimiento entre el auditorio o ser capaz de introducir elementos que en principio no pensaba incluir cuando hay una buena respuesta por parte del público.

Hablar despacio y vocalizando. Hay que cuidar de manera especial no hablar atropelladamente y "comerse" las palabras, lo que sucede de manera habitual cuando se está muy nervioso y se desea pasar cuanto antes "el mal rato".

Utilizar un tono que muestre entusiasmo por el tema que se expone. Además, es imprescindible variar el ritmo para evitar la monotonía.

Desterrar las coletillas. Nunca se deben utilizar expresiones como "¿verdad?" o "¿no?" como refuerzo al término de una frase.

Utilizar el humor. Sirve para relajar el ambiente y para despertar la curiosidad del público, pero hay que dosificarlo y poner mucho cuidado en no abusar ni intentar ser gracioso.

Sonreír a menudo, ya que una persona sonriente atrae la simpatía de los demás.

Mantener una postura relajada y confiada. La expresión corporal es muy indiscreta y "el mejor chivato" de nuestro estado de ánimo.

Poner en práctica estos trucos y que den resultado no es probablemente cuestión de pocos días, pero el tiempo necesario para enfrentarse sin miedo ante un grupo de personas depende principalmente de cada persona, , aunque se estima que un programa de aprendizaje de habilidades sociales "se suele alargar entre seis y ocho sesiones". Hay que conceder gran importancia a la fuerza de voluntad y el compromiso de la persona afectada y señala que no importa el tiempo que se tarde en lograr superar el miedo: "De lo que se trata es de que cada uno progrese a su ritmo, disfrutando de los pequeños éxitos para ganar confianza y seguridad progresivamente".

Pulso acelerado, sudoración, temblor de voz o malestar abdominal son algunas de las reacciones que manifiestan las personas que sufren miedo irracional a hablar en público o a salir al escenario. Este último ha saltado hace poco a los medios por afectar tanto a algunos artistas españoles, que alguno se ha planteado abandonar su carrera profesional. Esta respuesta puede alterar la calidad de vida del afectado, ya que sus efectos se propagan al entorno social, laboral y personal. La fobia es un miedo intenso, persistente y crónico a algo que, en realidad, representa poco o ningún peligro real. Las personas que sufren algún tipo de fobia intentan evitar -por todos los medios- exponerse al estímulo o a la situación que les infunde temor y, si no lo consiguen, experimentan síntomas como taquicardia, tics nerviosos, sudor, sensación de falta de aire, temblores y un intenso deseo de huir, entre otros.

Cuando una persona tiene miedo a ser juzgada por otras, se siente insegura rodeada de estas y ello le impide llevar a cabo actividades, como hablar con ellas en el trabajo o en la escuela o conocer a personas nuevas, puede que sufra uno de los trastornos de ansiedad más común: la fobia social.

El pánico escénico y el miedo a hablar en público o glosofobia

El miedo a hablar en público puede darse solo, junto con fobia social o formar parte del miedo escénico

Respiración acelerada, sudoración, tensión corporal, sequedad bucal, rubor facial, malestar abdominal o urgencia urinaria, fallos de memoria y confusión de las ideas que se querían exponer, voz tensa, temblorosa o tartamudeo, y miedo extremo al error o al fracaso. Estos son algunos de los síntomas más frecuentes que sufren los afectados de pánico escénico y miedo a hablar en público.

El pánico escénico es un trastorno de ansiedad social extrema, una timidez agrandada o miedo a las otras personas que puede, incluso, reducir la capacidad de expresarse y modificar la conducta en los afectados. Ante la inminencia de tener que salir a escena o al estrado, la persona se siente realmente mal.

Por otro lado, sufrir algún sentimiento de nerviosismo ante algunas situaciones es normal, como cuando hay que hablar en público (se estima que el 75% de la población lo sufre). Sin embargo, no es lo mismo que tener un miedo irracional, persistente e injustificado, que hace que se evite. Desde la Sociedad Española para el Estudio de la Ansiedad y el Estrés, SEAS, informan de que alrededor de un 20% de las personas se activan en exceso y focalizan su atención más en los síntomas de ansiedad que en la tarea de hablar en público, lo pasan muy mal y hacen lo posible por evitarla en el futuro.

Este miedo a hablar en público, denominado glosofobia, puede ser muy incapacitante para la persona y llegar a impedir su desarrollo personal y laboral. A veces, puede darse solo, junto con fobia social o formar parte de un problema mayor (el miedo escénico). El problema estriba en que solo pedirán consejo al especialista aquellos que no puedan evitar hablar en público, entre otras, por cuestiones laborales, este problema puede durar toda la vida si la persona no pide ayuda y se somete a tratamiento.

Ocho consejos para superar el miedo escénico y la glosofobia

A menudo se cree que los miedos y las fobias son compañeros perpetuos de viaje y no es así. La ansiedad avisa de situaciones en las que se interpreta que hay que defenderse, pero no debería impedir realizar la actividad normal, se aporta varios consejos para superar el miedo escénico:

1. Evaluar el impacto y la ansiedad que provoca que el discurso no salga perfecto o que a la gente no le guste tanto como a uno le gustaría. A menudo, al hacer este análisis, las consecuencias no son coherentes con la ansiedad que se padece.

2. Las habilidades para enfrentarse a un público y dar una conferencia se aprenden, y todas las personas pueden aprender. Cuanto más se practica, más confianza se tiene en uno mismo.

3. La respuesta nunca es la huida, ya que solo afianza el problema.

4. Cometer errores no es el fin y no significa fracasar. No hay que tenerles miedo y sentirse con la suficiente autoconfianza para que si se cometen, rectificar.

5. Pensar en lo que hay detrás de este miedo abre las puertas ante conflictos internos o parte de la psique que hay que trabajar.

6. Prepararse bien es clave. Cuanto más se domine el tema, más capacidad de reacción se tendrá ante los imprevistos y mayor seguridad y firmeza.

7. La visualización del discurso con una imagen positiva prepara el terreno y nos predispone a seguir lo conocido.

8. No pensar en posibles situaciones que estresarían. Es mejor dedicar el tiempo a prepararse y hacerlo bien, que perderlo intentando evitar hacerlo mal. Hay que tener confianza en uno mismos, en que la situación será propicia y en que se será capaz de salir adelante.

Contra el miedo: prepararse bien es la clave

La puntualidad es importante; no se puede evitar algo de tensión, pero añadir el no llegar a tiempo, no ayuda. En un discurso o una charla, es importante apoyarse en algún tipo de material, en una presentación, pero no para leerla, sino solo a modo de guía. Si se necesita algún apoyo por escrito está bien e, incluso, leer algo para relajarse y centrarse, pero no debe ser una práctica continuada.

Hay que exigirse en función de las posibilidades de cada uno: las metas tienen que ser difíciles para motivar, pero realistas para no frustrar

Buscar con la mirada a personas del público que tengan una escucha activa ofrece seguridad y hace sentir bien. Localizar siempre a dos o tres y dirigir la intervención a personas distribuidas en la sala que aporten esta retroalimentación positiva. Si la audiencia es muy exigente o hay luces que deslumbran, se puede fijar la vista al fondo de la sala. Ajustar el discurso a las características del público, si se conoce de antemano y cuidar el lenguaje no verbal: una ligera sonrisa y relajar los músculos antes de entrar en la sala hace que la persona sea percibida de una mejor manera y aumenta la receptividad de los interlocutores.

Otro punto clave es exigirse en función de las posibilidades de cada persona: las metas tienen que ser difíciles para motivar, pero realistas para no frustrar. "Si no se ha preparado con suficiente antelación, no se puede pretender que salga perfecto. Ajustar las expectativas a la realidad siempre es bueno y aprender de los errores cometidos, un avance seguro".

También ayuda, según esta especialista, pedir interacción con el público: relaja porque dispersa toda la responsabilidad y el peso del discurso, se entra en contacto con la gente y vemos que están esperando a que cometamos un error para hacérnoslo saber; la mayoría de los públicos son benévolos porque la gente de forma natural tiene empatía y entiende que se sufran nervios en estas situaciones. "Y si cometemos un error, es mejor parar y rectificar que querer seguir al precio que sea. Reconocer nuestro error nos hace más cercanos y podemos ganarnos el favor del público por ser naturales".

Hacer pequeños descansos ayuda a ganar la atención del público. Ser amable y dedicar tiempo a la audiencia, incluso preguntarles a ellos, no es mala estrategia en determinados contextos. También hay que ir con cuidado con la velocidad. Hacer un discurso rápido, aparte de ser tedioso, pierde la atención de la gente y es más probable equivocarse. Por eso es fundamental saber el tiempo del que se dispone para concretar ideas y desarrollarlas.

Tampoco hay que olvidar ser uno mismo y no perder la esencia: "Hacer un papel en el que no nos reconocemos nos va a salir mal seguro. Cuando no tenemos que controlar tanto esto, sino que nos permitimos ser nosotros mismos, podemos utilizar esta energía en centrarnos en el contenido". Y Respirar. "No hay ejercicios más eficientes para relajarnos que la respiración. Antes y durante. Pequeñas pausas en el medio de la exposición para recuperar control y antes para destensar los posibles nervios que podamos traer".

Tema 13. Sentencias judiciales de interés

Nota:

Casos similares pueden merecer sentencias distintas. Esté capítulo recoge sentencias de nuestros tribunales que, por su contenido, afectan a los consumidores y usuarios de todo tipo de productos y servicios. No olvide que ante hechos similares, las cuestiones de prueba, las circunstancias concretas de las partes implicadas e incluso el tribunal que sea competente en la causa puede determinar fallos distintos.

Sentencia: inclusión indebida en un registro de morosos

Se le incluyó de modo indebido en un listado de morosos y, por ello, le denegaron la hipoteca

Una operadora de telefonía inscribió a un consumidor en un registro de morosos por una deuda de telefonía móvil que ya se había pagado. Acudió a una OMIC y a Arbitraje de Consumo, pero al final tuvo que ir a los tribunales para reclamar una compensación por daño moral. Alegó que su indebida inscripción como moroso le impidió obtener un préstamo hipotecario. Y ganó el juicio. Se condenó a la operadora a indemnizarle con la cuantía de 800 euros.

Según la sentencia dictada por la Audiencia Provincial de Madrid el 11 de noviembre de 2010, la inclusión del consumidor demandante en esos ficheros sin concurrir los requisitos precisos era una clara falta de diligencia de la operadora. Además, suponía una vulneración del derecho al honor del usuario, algo que le ocasionó un demérito en la valoración social, al verse frente a terceros como un moroso.

Prueba de que se le causó un daño moral es la molestia e inquietud que supuso la reclamación ante la OMIC y ante la Junta Arbitral de Consumo, y el hecho de que no se le concedió la operación crediticia para la adquisición de su vivienda. Por ello, la justicia entendió como ajustada la indemnización de 800 euros.

Se recuerda en la sentencia que la reparación del daño o sufrimiento moral se dirige, sobre todo, a proporcionar en la medida de lo posible una satisfacción como compensación al sufrimiento que se ha causado.

El banco incluye a una cliente en una lista de morosos por error

La titular de una cuenta corriente en la que tenía domiciliados los cargos de su tarjeta de crédito comprobó que en el año 2000 le cobraron un cargo indebido que no correspondía al importe y el concepto cargado. La consumidora reclamó por teléfono y por escrito ante el Defensor del Cliente y el Banco de España, y tramitó además una denuncia en la Policía. Las reclamaciones se iniciaron en junio de 2000 y se prolongaron hasta abril de 2001. En este periodo la entidad bancaria no cesó de reclamar la cantidad adeudada, más intereses y gastos, y comunicó los datos personales y el dinero que se debía en dos ficheros de morosos. La afectada demandó al banco, fueron a juicio y ganó. Por el daño moral causado le concedieron 1.800 euros. Dice el Tribunal Supremo, en sentencia de 24 de abril de 2009, que la inclusión errónea de una persona en un registro de morosos es una intromisión ilegítima en el derecho al honor que lesiona la dignidad de la persona y supone un descrédito para ella.

El fichero de morosos se equivoca de persona

Una consumidora acudió a una entidad financiera a solicitar un préstamo y le fue denegado por falta de solvencia. Según la entidad, constaba en un fichero de morosos como deudora de un crédito anterior. En realidad el crédito citado ya había sido abonado en su totalidad y el expediente de embargo era contra otra persona con su mismo nombre y apellidos.

La afectada llevó al fichero de morosos a juicio y la sala 1ª de lo civil del Tribunal Supremo, en sentencia de 7 de marzo de 2006, le dio la razón. El Supremo constató que la demandante había visto atentada su dignidad personal y que este daño se debía a la información errónea del fichero. Afirmó que el ciudadano no puede estar al albur de que otra persona con los mismos nombres y apellidos, algo más frecuente de lo que parece, incurra en auténtica morosidad y sufrir así injustas consecuencias.

La empresa titular de los ficheros, añadió, no puede escudarse en que obtuvo los datos de fuentes oficiales, sino que debió comprobar con diligencia los datos personales. Y aunque no hubiera intención difamatoria o de dañar, debe responder del daño moral causado. Por ello le condenó a indemnizar en la cantidad de 3.000 euros y al pago de las costas

Dictan una sentencia en Badajoz que vincula el contrato de Opening y el de la financiera

Una sentencia de un juzgado de Primera Instancia de Badajoz considera vinculado el contrato de prestación de servicios de la academia de idiomas Opening con el de financiación. De esta forma, el fallo declara la resolución del contrato de enseñanza e igualmente resuelto el contrato de cesión del crédito y por tanto desaparece la obligación de pagar los recibos mensuales acordados entre Opening y la financiera para los dos alumnos que interpusieron la demanda en el juzgado, a quienes el juez les ha dado la razón. Los trámites los llevó a cabo la Unión de Consumidores de Extremadura (UCE), con sede en Mérida.

Según los antecedentes de la sentencia, dos alumnos se inscribieron en Opening de la capital pacense para realizar un curso de inglés de veinte meses, con la advertencia de que después de tres o cuatro meses tendrían que dejar de acudir al centro de idiomas por tener la obligación de trasladarse de provincia. Opening aceptó la condición.

Dos meses más tarde, por motivos de trabajo, comunican a Opening que deben trasladarse a otra capital, por lo que desean resolver el contrato y que se les deje de cobrar las cuotas mensuales. Sin embargo, la financiera siguió pasándoles los recibos porque el responsable de Opening en Badajoz no resolvió su baja. Al no pagar, los dos alumnos fueron incluidos en las listas y ficheros de morosos, causándoles el consiguiente perjuicio, por lo que decidieron demandar a Opening.

Incumplimiento del compromiso

La parte demandada no compareció al juicio verbal. El juez considera que existe la certeza de que el centro de enseñanza se había comprometido con los demandantes a dar por resuelta su relación cuando estos lo propusieran, y no lo hizo. Referente al contrato de financiación, explica que según la Ley 7/95 de Crédito al Consumo, "la ineficacia del contrato cuyo objeto sea la satisfacción de una necesidad de consumo, determinará también la ineficacia del contrato expresamente destinado a su financiación cuando se den las circunstancias a, b y c del apartado 1 del artículo 15: el concedente del crédito es distinto al proveedor, entre éste y el concedente hay acuerdo previo y el crédito está concedido en base a ese acuerdo previo". Por ello, argumenta en su exposición el magistrado, si es ineficaz el contrato de consumo también lo será el de financiación.

El fallo del juez declara la resolución del contrato de enseñanza de los demandantes con Opening y en consonancia, declara igualmente resuelto el contrato de cesión de crédito con efectos de septiembre, fecha en que pidieron la baja del centro los dos demandantes. Se condena a Opening a que haga los trámites ante la financiera para que no gire más recibos contra los demandantes y para que haga desaparecer de todos los ficheros de morosos en los que hayan sido incluidos los datos de ambos alumnos y lo certifique ante el tribunal. Si no lo hace, lo hará el propio Juzgado de oficio.

Sentencia importante

Según Roberto Serrano, responsable de UCE-Extremadura, esta sentencia "es muy importante porque vincula el contrato de financiación al de prestación del servicio de enseñanza de inglés, por lo cual si éste no se realiza, desaparece la obligación de pagar las mensualidades contratadas. Es el problema suscitado en las academias que se han cerrado este verano", recalca Serrano, con lo cual los miles de afectados por el cierre de Opening tienen algo de luz ante el oscuro panorama legal que se les presenta a la hora de recuperar sus derechos frente a las financieras.

Señala el experto en reclamaciones de los consumidores de Extremadura que la academia les daba a los dos demandantes todo tipo de facilidades para que se matriculasen. A todas las propuestas de ambos alumnos "les decían que sí, incluida la de darse de baja sin ningún problema cuando les trasladasen por cuestiones laborales". Asimismo, la UCE considera un precedente importante que la sentencia elimine la posibilidad de incluir en ficheros de morosos a quienes dejen de pagar los recibos cuando se deje de percibir las clases del curso contratado.

Intento de acuerdo

Antes del juicio verbal, la UCE intentó llegar a un acuerdo con Opening a través del Sistema de Mediación de la Junta de Extremadura para solucionar el problema de ambos alumnos. Opening Badajoz también les señalaron que no había ningún problema en darles de baja, "pero no lo cumplieron".

Se denunció en la Dirección de Consumo, que levantó varias actas y finalmente se acudió a juicio. La Unión de Consumidores de Extremadura basó su argumentación en un documento extendido por el director de Opening en el que reconocía que estaba tramitando la baja de ambos alumnos, hecho que no se produjo. La asociación de consumidores había tramitado ya quince denuncias contra Opening antes de la quiebra.

Un centro comercial incluye de forma injustificada a una persona en listas de morosos

Una ciudadana sufrió en su vivienda el robo de su bolso con toda su documentación, incluido su D.N.I., hecho que denunció a la Policía. Su tarjeta fue utilizada después del robo en un centro comercial y se realizaron compras por valor de 1.281 euros sin su consentimiento, por lo que la titular de la tarjeta rechazó el cargo de los importes que los establecimientos efectuaron a su cuenta. Por ello, el centro comercial la incluyó en una relación de morosos y cedió los datos a dos registros de morosos. Como el centro comercial había sido avisado con anterioridad del robo, la ciudadana consideró que esta actuación vulneraba sus derechos fundamentales y, en especial, su honor e intimidad y que había sufrido perjuicios derivados de su inclusión en los registros. La Audiencia de Madrid, en sentencia de 20 de diciembre de 2004, falló a favor de la demandante y afirmó que la inclusión de la ciudadana en ficheros de morosos sin concurrir los requisitos precisos y en clara falta de diligencia del centro comercial, que conocía el hecho del robo y la sustracción del D.N.I., implicaba una vulneración de sus derechos. Por ello, condenó al centro comercial a abonar una indemnización de 3.000 euros por daño moral y a los dos registros de morosos, 1.000 y 500 euros cada uno.

Sentencia: dejó de pagar las cuotas de un curso de instalador electricista por catálogo y alegó haberlo comprado por publicidad engañosa

Un consumidor compró por catálogo un curso de instalador electricista y le entregaron de manera debida la mercancía. En un momento dado, dejó de pagar las cuotas y la vendedora le demandó, ya que le reclamaba 1.392,48 euros. Se defendió con la alegación de que lo había comprado bajo la influencia de publicidad engañosa y ganó el juicio.

Según se señala en la sentencia de la Audiencia Provincial de Castellón (sección 3ª), de 8 de octubre de 2009, estaba acreditado que el interés del consumidor era obtener el carné de instalador electricista autorizado en baja tensión. Con ello, pretendía ejercer después una profesión como autónomo. Por eso contactó con la vendedora. Acudió a su casa un asesor, que le informó sobre la idoneidad del curso y le indicó que su formación era suficiente para acceder a las pruebas de acceso. Le entregó una guía que señalaba que, "como requisito previo, a los candidatos se les pide el título de FP1 Técnico Auxiliar de Electricidad o Electrónica". Ante esa información, el consumidor se convenció de que, a través del curso y una vez superado el examen, podría obtener el deseado carné. Pero esto resultó ser inveraz y la justicia lo consideró publicidad engañosa.

Recuerda la sentencia que el mensaje publicitario debe ser siempre veraz y no engañoso. También indica que es engañosa la publicidad que de cualquier manera, incluida su presentación, induce o puede inducir a error a sus destinatarios y puede afectar a su comportamiento económico, perjudicar o ser capaz de perjudicar a un competidor. Lo es también toda publicidad que silencie datos fundamentales de los bienes, actividades o servicios, cuando esta omisión induzca a error.

En este caso concreto, la sentencia concluye que la información que se contenía en la guía era engañosa y la publicidad, ilícita. La sanción que se impuso a los actos realizados fue la ineficacia del contrato.

La operadora de telefonía se equivocó al aplicar las tarifas a una clienta y ésta reclamó, pero se inscribió su nombre en el registro de morosos por no pagar las facturas

Una usuaria concertó con una operadora un contrato de telefonía móvil en modalidad de tarifa plana. La primera factura le llegó con un importe superior al contratado, ya que le aplicaron otra modalidad. Reclamó la subsanación del error en varias ocasiones, tanto por teléfono como por escrito, pero la operadora optó por dar de baja su línea. Cuando recibió nuevas facturas no las pagó, pero su nombre se inscribió en el registro Asnef-Equifax como deudora. Fue a juicio y solicitó la resolución de contrato por incumplimiento, 900 euros en concepto de indemnización por daños y perjuicios y la cancelación de la inscripción de sus datos como morosa en el fichero informático. Ganó el juicio, aunque la indemnización fue menor que la solicitada.

La usuaria ganó el juicio, aunque la indemnización fue menor que la solicitada

En el juicio quedó acreditado que la usuaria había contratado por escrito una tarifa plana, pero la operadora se equivocó y le dio de alta en otra modalidad por error. Ante el impago, la compañía de teléfono gestionó la baja, primero de manera provisional y después de modo definitivo. Además, inscribió a la clienta en el registro de morosos y, aunque corrigió la primera factura, volvió a enviar la siguiente con el mismo error.

Según señala la sentencia de la Audiencia Provincial de Madrid, de 11 de noviembre de 2009, no es lógico exigir a un consumidor que abone "a priori" una cuantía que calculó la operadora de forma errónea, para que luego se le reintegre el exceso en las facturas siguientes, tal y como en el juicio pretendía la compañía de teléfono. Añade que el impago inicial de la usuaria estaba justificado, de modo que no se debió proceder a la suspensión de la línea de teléfono y hacerle soportar las consecuencias de su propia negligencia, sino que tenía que haberse corregido el error y cobrarle el consumo real conforme a la tarifa contratada. Por las mismas razones, no debió incluir sus datos en el fichero Asnef.

Al incumplir la operadora sus obligaciones contractuales por facturar conforme a unas tarifas diferentes y suspender la línea sin motivo real, la Audiencia Provincial estimó que el contrato quedaba resuelto. Ello, sin perjuicio de las acciones que tuviera la operadora contra la usuaria por los consumos registrados tras aplicar de manera correcta la tarifa contratada. También estimó una indemnización de 400 euros por daños y perjuicios por la supresión del servicio.

Sin embargo, desestimó la petición de la consumidora de declarar improcedente su inclusión en el fichero de morosos porque, en efecto, había una deuda y, además, los mecanismos oportunos para solicitar la cancelación de la inscripción son otros.

La Audiencia Provincial de Valladolid confirma la sentencia favorable a 22 alumnos de Opening

La sentencia impuesta por el Juzgado de Primera Instancia número 6 de Valladolid, que estimó las reclamaciones de veintidós alumnos de la academia de inglés Opening, calculadas en unos 24.000 euros y cuyo pago atribuyó al Banco Santander, ha sido hoy confirmada por la Audiencia Provincial de Valladolid.

La resolución judicial, ahora ratificada por la Audiencia tras desestimar el recurso del Banco Santander Central Hispano S.A., obliga a la entidad bancaria y a dicho centro educativo, que se encuentra en suspensión de pagos, al abono de dichas cantidades. El juicio se celebró el pasado febrero por hechos ocurridos en agosto de 2002, cuando los alumnos de la academia de inglés Opening English Master Spain S.A. acudieron al centro en el que recibían clases y lo hallaron cerrado, precisaron fuentes del caso.

Durante la vista oral, los alumnos que declararon aseguraron que desde este centro les limitaron la forma de pago de los cursos a dos opciones, al contado o con un banco determinado previamente, y que la entidad les giró recibos tras cerrar la academia. Después de encontrar clausurada la academia, los estudiantes reclamaron la devolución del dinero que abonaron tras el cierre del centro, la resolución de su contrato y la no inclusión o retirada de sus nombres en los registros de morosos.

Cada estudiante demandó una cantidad calculada en 1.800 euros de media, correspondiente al importe del curso y a las que cada estudiante pagó de manera indebida por el incumplimiento del contrato, que ahora deberán abonarles, además de intereses.

La resolución judicial de la Audiencia, que obliga a un banco a devolver cantidades de dinero a los consumidores y que no es recurrible, excepto ante el Tribunal Constitucional, resulta de gran importancia, destacó el letrado que representa a cerca de cien estudiantes de la academia en Valladolid, Javier Arroyo, miembro de la Coordinadora Nacional de Afectados de Opening. La sentencia reconoce que deben declararse resueltos los contratos de consumo suscritos por los demandantes para la prestación de cursos de inglés, los contratos de préstamo y los de financiación.

La sentencia condena al Banco Santander Central Hispano S.A. a no girar a los demandantes más recibos en concepto de financiación de los cursos de inglés, y a que restituya a los demandantes las cantidades abonadas al mismo desde la mensualidad correspondiente al mes de agosto de 2002 incrementadas en el interés legal a contar desde la misma fecha. También condena a la entidad a que no incluya, y en su caso, proceda a dar de baja de forma inmediata a los demandantes que hayan sido incluidos el cualquier tipo de listado o archivo de morosos, como consecuencia del impago de alguno de los recibos girados a partir de agosto de 2002.

La Audiencia de Barcelona condena a varios bancos a devolver parte de los créditos cobrados a alumnos de Cambridge

La Audiencia de Barcelona ha condenado a varias entidades financieras a devolver parte de los créditos cobrados a diversos alumnos de la academia de inglés Cambridge, que cerró sus puertas en febrero de 2003 por quiebra. Además, prohíbe incluir a los afectados en registros o ficheros de morosos.

El Juzgado de Primera Instancia número 31 de Barcelona sentenció el 3 de diciembre de 2004 que los casi 600 alumnos afectados por el cierre de la academia tenían que liquidar la totalidad de los créditos bancarios suscritos con las entidades financieras. Sin embargo, la Asociación de Consumidores de la Provincia de Barcelona (ACPB) presentó un recurso de apelación que ahora ha sido estimado parcialmente por la Sección 14 de la Audiencia.

En una sentencia emitida el pasado 2 de marzo, el tribunal declara "resueltos" los contratos suscritos con las academias Cambridge English School y Cambridge Diagonal Barcelona y con siete entidades financieras, entre ellas Banco Santander Central Hispano (BSCH) y Caja Madrid. El fallo condena a los demandados a que "solidariamente devuelvan" a los alumnos "la parte del precio del curso financiado" con sus intereses legales desde febrero de 2003. Asimismo, insta a las financieras a que se abstengan de incluir a los alumnos en cualquier registro o fichero de morosos y a suprimir su mención en ellos si ya los hubieran registrado.

La Audiencia considera que los créditos suscritos por los alumnos con las entidades a través de la academia eran exclusivos, ya que si querían financiar el pago del curso lo tenían que hacer a través de las financieras que obligaba Cambridge.

Igualmente, estima que los créditos no eran gratuitos, como alegaban los bancos y cajas, ya que la onerosidad no se cobraba con intereses, sino con un 10% de recargo respecto al precio del curso si se pagaba al contado y por adelantado. Además, el beneficio del crédito era para la financiera y no para la academia. Así, la sentencia obliga a las entidades a reclamar solamente por los plazos de amortización de los préstamos y a devolver a los alumnos las cantidades cobradas desde febrero de 2003 más los intereses legales desde entonces.

Sentencia: facturación de telefonía e Internet

Una consumidora tenía contratada con una operadora de telefonía el servicio telefónico e Internet con una tarifa mensual fija. Viajó a Londres, donde hizo uso de la conexión a Internet. Por ello recibió, y pagó, una factura muy superior a la tarifa mensual contratada, al aplicar la compañía las condiciones establecidas en la web para facturaciones por consumos en el extranjero. Pero, además, le cortaron el servicio. Al entender que los suministradores incumplían sus obligaciones contractuales, remitió un fax para comunicar la resolución del contrato. Se incluyó su nombre en un fichero de morosos.

La clienta acudió a juicio y solicitó la devolución del exceso de facturación por uso de Internet en el extranjero, más una indemnización por daño moral de 400 euros. En total, solicitaba 900 euros.

La consumidora no había firmado ni aceptado el contrato

Alegó la demandante que la cláusula aplicada por la operadora para facturar las descargas de Internet en el extranjero era nula, dado que no había sido firmada por ella. Además, tampoco había sido informada al respecto y se encontraba escondida en la web.

Al respecto, la Audiencia Provincial de Valencia, en sentencia de 28 de diciembre de 2010, reconoció que el contrato no se encontraba firmado y aceptado por la consumidora, y que no era obligación del consumidor informarse por su cuenta. Por ello, se consideró que la cláusula sobre cuya base constaba en la factura un importe de 524,41 euros por 102,87 mb descargados en concepto de "acceso a Internet en Reino Unido", no resultaba válida.

La cláusula figuraba solo en la web y no resultaba válida

Tras declarar la nulidad de la citada cláusula, se fijó el precio que la consumidora debía abonar por el acceso a Internet en el extranjero. Y el tribunal estableció como importe la cantidad de 179 euros.

En consecuencia, si la consumidora abonó 668,29 euros, resultaba una cantidad a su favor de 457,77 euros. Además, por los daños morales debía recibir la cantidad de 400 euros.

Se condenó a la operadora a abonar a la actora la cantidad de 857,77 euros y a proceder a la cancelación de datos y a la exclusión de la consumidora de los ficheros de morosos.

El instalador coloca una caldera de forma defectuosa

Un consumidor adquirió una caldera, pero el suministrador que la instaló no procuró la entrada de aire para la combustión y evacuación. En revisiones posteriores se hizo constar que la caldera estaba instalada sin entrada de aire, pero el instalador no corrigió el defecto y la caldera empezó a presentar problemas de funcionamiento hasta incendiarse. El consumidor demandó al suministrador-instalador reclamando daños y perjuicios. La Audiencia Provincial de Baleares, en sentencia de 28 de diciembre de 2004, dio la razón al demandante y sentenció que el suministrador realizó una indebida instalación y que hubo negligencia profesional por aprovechar la instalación previa, sin comprobar la seguridad de la instalación, y no prever la ventilación adecuada al tipo de caldera que iba a instalar, escogida y aconsejada erróneamente al usuario, y que resultó inadecuada. El tribunal estimó que, de haber actuado diligentemente cumpliendo la exigencia de las Normas de Industria, no se habría producido el incendio ni la caldera habría resultado inservible. Por ello, condenó al suministrador a indemnizar al demandante por los daños causados y a pagar las costas del juicio.

Condena por coacciones a una empresa de cobro de morosos por reiteradas llamadas con amenazas de reclamación judicial y de incluirlo en registro de morosos.

Vamos a analizar algunas sentencias donde se condena por coacciones a una empresa de cobro de morosos por conductas que son consideradas intimidatorias contra el deudor.

La mayoria de estas sentencias considera que si la empresa de cobro de morosos se desvía en su actuación de los cauces normales para reclamar créditos, a través de los Juzgados y mediante el procedimiento legalmente establecido, acudiendo en su defecto a una presión desmedida contra el sujeto pasivo (deudor), bien directamente o bien indirectamente a través de terceras personas, pueden constituir un DELITO LEVE DE COACCIONES (antigua FALTA DE COACCIONES) castigado actualmente en el artículo 172.3 Código Penal con PENA DE MULTA de 1 a 3 meses.

La falta de coacciones (lo que podríamos trasladar igualmente al delito leve de coacciones) , en la definición que ha dado el Tribunal Supremo es una infracción contra la libertad, y que supone la concurrencia de los siguientes REQUISITOS:

Actuación o conducta violenta de contenido material o intimidatorio contra el sujeto pasivo.

Un resultado al que se orienta a impedir a alguien hacer lo que la ley no prohíbe u obligarle a efectuar lo que no quiere.

Voluntad de restringir la libertad ajena para someterla a los deseos o criterios propios.

Falta de cobertura legal para imponer dicha conducta.

Aplicación de dichos requisitos. Condena por coacciones a una empresa de cobro de morosos:

– En la Sentencia AUDIENCIA PROVINCIAL DE CÁCERES (Sección 2ª) de 18.10.2016, se confirma la condena del Juzgado por los siguientes hechos:

» José Miguel y Roque, trabajadores de una empresa de cobro de morosos se presentaron en el establecimiento de los denunciantes con la finalidad de cobrar una deuda, diciéndoles uno de los dueños de la tienda, que si tenían que cobrar algo lo hicieran de forma oficial, contestando los denunciados que ellos oficialmente no trabajaban, y se pusieron en la puerta de la tienda con una carpeta en la que de forma visible se leía «el negociador, cobro de morosos» con la finalidad de que lo vieran los clientes que entraran en la tienda, y llamaron por teléfono a uno de los proveedores al número que aparecía en una caja de fruta, diciendo que en esa tienda eran unos morosos permaneciendo apostados en la puerta de la tienda una hora aproximadamente, todo ello con la finalidad de dar mala imagen de la misma, y apremiar de esta manera a los denunciantes para el cobro de la deuda. Se les condena a los denunciados por un DELITO LEVE DE COACCIONES del artículo 172.3 Código Penal a la pena de 50 dias de multa a razón de 8 euros dia...»

– En la sentencia AUDIENCIA PROVINCIAL DE TERUEL (Sección 1ª) de 18 enero de 2013 se condena por coacciones a una empresa de morosos por continuas llamadas telefónicas amenazándole con reclamar la deuda judicialmente e incluirlo en un registro de morosos:

» Y ello es precisamente lo que ha ocurrido en el caso enjuiciado, donde la empresa denunciada, comisionada por otra del de telecomunicaciones, pretendiendo cobrar al denunciante una supuesta deuda, ha procedido a efectuar ha procedido a efectuar hasta veintisiete llamadas al teléfono del denunciado, a razón de cuatro o cinco llamadas diarias consecutivas en el espacio de poco más de un mes, en las cuales se le intimaba al pago con la amenaza de reclamar la deuda judicialmente o incluirlo en un registro de morosos.»

– Sentencia de la AUDIENCIA PROVINCIAL BADAJOZ (Sección 1ª) de 14 septiembre de 2010:

» El relato de hechos probados, que debe permanecer incólume, y en sintonía con los elementos probatorios aludidos que fueron aportados al Juicio, lleva a la absoluta convicción, de la juzgadora de instancia y a la de esta Sala, de la humillación y efectos pretendidos con las expresiones proferidas y las amenazas, del que se desprende un maltrato psicológico siquiera pueda considerarse de carácter leve, con la finalidad o como instrumento para conseguir el cobro pretendido de la deuda.»

– En la sentencia de la AUDIENCIA PROVINCIAL MADRID (Sección 1ª) de 21 diciembre de 2009 se condena por coacciones a una empresa de morosos por dejar una tarjeta colocada en la puerta de la vivienda del deudor con el objeto de que los vecinos la vieran y le tacharan de moroso:

» Dicho comportamiento debe ser calificado como una falta intentada de coacciones, porque al colocar la tarjeta en dicho lugar, en vez de introducirla en la vivienda por debajo de la puerta como sería lógico si lo único que se pretendía era pedirle una entrevista para tratar sobre la supuesta deuda, permitiendo que pudieran verla sus vecinos o cualquier otra persona que pasase junto a la puerta, lo que pretendía era publicitar que el Sr. Hermenegildo era un moroso, pues es notoria la relación del nombre de «El Cobrador del Frac» con la gestión del cobro de deudas por los numerosos incidentes que a tenido a lo largo de su existencia de los que se han hecho eco los distintos medios de comunicación social, para desprestigiarle socialmente, ya que la cualidad de abogado del apelante no podía inducir a la confusión que la tarjeta estuviese relacionada con algún asunto profesional, porque estaba en su domicilio particular, no el de su despacho, y no se corresponde con la forma con la que se contacta para asuntos profesionales con un letrado, y todo ello con la finalidad última que abonase la pretendida deuda. «

Tema 14. Timos: clásicos y modernos, aún funcionan

> "Los morosos, para decir que no te van a pagar, hacen como los coreanos, que dicen 'eso no es imposible, pero tendrán que esperar', cuando en realidad quieren decir 'no tendrás mi dinero ni por encima de mi cadáver'"
>
> (Pere Brachfield)

Desde hace aproximadamente cinco o seis años, en los despachos de detectives privados ha venido produciéndose de forma gradual un cambio en las cuestiones planteadas por nuestros clientes, un cambio que el lector comprenderá enseguida sin necesidad de mayores explicaciones: la proliferación de morosos profesionales.

Una figura que, pese a haber existido siempre, no era tan común años atrás, cuando la situación económica de nuestro país era diferente. Sin embargo, desde hace unos años, una de las consultas recurrentes versa sobre cómo puede resolverse el reclamo de deudas pendientes de cobro, ya sea por facturas no abonadas, contratos incumplidos, etc...

Más allá de aquellos casos en que el impago se produce por una disconformidad más o menos admitida en el servicio prestado o los casos en los que es debido a una quiebra real y verificada, estas consultas se refieren al caso de los "morosos profesionales",

¿Quiénes son los morosos profesionales?

Normalmente, se trata de empresarios o particulares quienes, mediante técnicas de ingeniería financiera más o menos sofisticada, producen continuados impagos a sus proveedores, causando un grave perjuicio tanto al empresario afectado como al tejido comercial en general.

Son muchas las formas de que tal situación se produzca: todos conocemos casos en los que diversos cargos y personajes más o menos públicos han tenido que rendir cuentas a la justicia por blanqueo de capitales y alzamiento de bienes (ocultación o enajenación de bienes con el fin de evitar embargos o pagos a deudores).

No es un problema, no obstante, que se dé en exclusiva en las élites económicas de nuestro país: quizás es lógico pensar que las técnicas de ingeniaría financiera y ocultación de bienes más modernas están al alcance de los empresarios más adinerados, pero el de los "morosos profesionales" es una figura más que habitual en el entorno de cualquier empresario, grande o pequeño.

Reto ahora mismo al estimado lector a que haga una pausa y sitúe en su mente a alguien que corresponda a tal perfil. Lamentablemente, la respuesta será positiva en el 99% de los casos y, es más, probablemente usted esté cansado de oírle decir lo mal que le van los negocios mientras cena en restaurantes de 300€ el cubierto.

¿Existe alguna posibilidad de defender los intereses propios y legítimos ante el moroso profesional? Por supuesto, siempre existe posibilidad. Lo habitual (y recomendable: siempre debe empezarse por ahí) es la contratación de un despacho jurídico especializado en economía, que contando con los conocimientos y experiencia suficientes pueda determinar la estrategia a seguir en cada caso particular.

Pero los conocimientos del abogado no siempre son suficientes dado que precisamente, la documentación "oficial" de la entidad o persona deudora apunta siempre hacia la posición de aquel, es decir, la falta de bienes para afrontar las deudas. Es entonces cuando puede ser interesante plantearse vías alternativas, como los servicios de un detective privado que acredite la realidad de las circunstancias manifestadas por la parte deudora y demuestre no solo una realidad económica diferente a la expuesta, sino también una voluntad de ocultación de bienes y de no afrontar las deudas requeridas.

Pero, ¿en qué consisten concretamente estas pruebas? Cada caso es particular, pero en líneas generales, podemos afirmar que los métodos más utilizados son la utilización de familiares como testaferros tanto en propiedades como en negocios, el desvío de capital al extranjero o, sencillamente, cosas tan habituales como facturar casi todo el trabajo realizado en B o tener un domicilio real diferente al oficial, de forma que nunca lleguen las notificaciones enviadas.

Lo ideal, lógicamente, es ser lo suficientemente previsor y perspicaz para prevenir la morosidad, pero no siempre es posible y, tarde o temprano, todos somos susceptibles de acabar sufriendo el mismo problema. Cuando ya se ha producido el impago, también hay soluciones. Lo peor, no le quepa duda, será no hacer nada: por el daño sufrido y por la sensación de victoria e impunidad que acompañará al deudor en sus futuros impagos a terceros.

La demanda de servicios de investigación privada es cada vez más habitual ante las nuevas necesidades de empresas y particulares. La evolución de la sociedad, en la que la información fiable y de primera mano se ha convertido en un bien más que preciado, ha procurado un incremento en la demanda de prestaciones de agencias de investigación privada.

El desconocimiento sobre la labor del investigador privado, o al menos su encasillamiento en determinados patrones, va atenuándose. La imagen del detective actual poco tiene que ver con la del hombre misterioso envuelto en una gabardina, que usa sombrero y esconde su rostro tras un periódico mientras finge estar leyendo. La idea holmesiana del investigador privado, heredada de los relatos de Conan Doyle, va quedando atrás. Por otra parte, en la actualidad, las nuevas tecnologías, en constante evolución, brindan al detective una inestimable ayuda en su trabajo y le permiten alcanzar mejores y más rápidos resultados, a la vez que amplían sus horizontes y las características de la demanda de sus servicios.

A pesar de haber menguado este desconocimiento en la sociedad, el ciudadano de a pie no suele tener una idea clara sobre a qué se dedica exactamente. En consecuencia, los profesionales de la investigación privada se encuentran, en ocasiones, ante peticiones curiosas, cuando no extravagantes, por parte de clientes desorientados o, quizás, con ganas de broma.

La Ley de Seguridad Privada, que regula la actividad del detective privado en España, y el Real Decreto 2364/1994 que la desarrolla, establecen como funciones del detective las de obtener y aportar, por encargo de personas físicas o jurídicas, información y pruebas sobre conductas o hechos privados; investigar delitos perseguibles a instancia de personas legitimadas en un proceso penal; y la vigilancia en ferias, hoteles, exposiciones o ámbitos análogos. Aquí se incluirían también los locales públicos de gran concurrencia.

Dentro de este marco normativo que en nuestro país, a diferencia de muchos otros de la Unión Europea, se encuentra bien delimitado, el abanico de servicios ofertados puede ser muy amplio. Actualmente, aproximadamente el 40% de las investigaciones realizadas por detectives privados en España están relacionadas con el ámbito laboral. Habría que hablar aquí de bajas fingidas, competencia desleal entre empresas, mala práctica de los empleados, control de ejecutivos para que no pasen informes a la competencia, hurtos… Otro 40% correspondería al área económico-empresarial, donde se indaga sobre casos de fraude, piratería, falsificación de marcas o delitos societarios, entre otros, aunque son las compañías de seguros, en todas sus vertientes, las que se llevan la palma en este ámbito, con lesiones fraudulentas o siniestros fingidos en el rango automóvil o en el de hogar, incendios en el ámbito industrial, etcétera.

Sólo el resto, un 20% de los casos, se engloba en la esfera familiar. En este capítulo, una pequeña parte se correspondería con la investigación de infidelidades, cuya demanda ha descendido debido a que, con la nueva Ley del Divorcio, no hay que aportar pruebas de este tipo para justificar la decisión. En el terreno del matrimonio es más habitual la demanda de servicios relacionados con la investigación de situaciones derivadas de separaciones y divorcios, como, por ejemplo, la búsqueda de pruebas que acrediten la suficiencia de ingresos del ex cónyuge para dejar de pasarle una pensión, o que procuren cambios en un régimen de visitas de los hijos, en su guardia y custodia, etcétera. En relación, también, al ámbito de la pareja, se han disparado los controles sobre las órdenes de alejamiento.

La demanda de control de menores, sobre todo de adolescentes, ha sufrido, igualmente, un incremento notable. Un caso muy típico es el de los padres que mandan a sus hijos a estudiar fuera, a la universidad o a un internado, y que quieren saber si de verdad están estudiando. "Precisamente, los jóvenes son los más difíciles de seguir -matiza el experto- ya que los mayores tenemos costumbres más fijas, rutinarias. Pero los jóvenes son más imprevisibles, y lo mismo van en moto, que cogen el metro o un autobús... en muy poco tiempo".

Por amplio que sea el espectro de actuación, ni todo se puede investigar, ni todos los métodos son admisibles, ni tan siquiera cualquiera puede encargar investigar a otra persona. En primer lugar, la legislación vigente atribuye a las agencias la libertad de aceptar o no el encargo de una investigación. En este sentido, cuando un cliente llega al despacho de un detective privado o a una agencia para contratar un servicio, debe demostrar que tiene un vínculo con la persona a la que desea investigar, que su objetivo tiene una razón de ser y que ésta es legítima. De lo contrario, su petición sería denegada. Si alguien, por ejemplo, pretende que se investigue a un vecino sin una razón aparente o justificada, se le harán una serie de preguntas con las que averiguar su intención, porque muchas veces lo que se pretende es sacar algún trapo sucio para utilizarlo con objetivos no del todo lícitos. Este tipo de encargos están perseguidos por la ley.

En esta profesión, tal como subrayan los expertos, se pueden dar situaciones macabras y peligrosas. La agencia de investigación no es, obviamente, responsable, pero debe abstenerse de contribuir a ellas si las detecta desde un principio. Se han dado casos sobre unos clientes que querían localizar a una persona con un fin que no estaba del todo claro. "Finalmente, tirando del hilo, descubrimos que pretendían secuestrarle para después pedir un rescate. ".

En lo que se refiere al límite al que se puede llegar en una investigación, la Ley es clara al respecto, y lo establece en el respeto al derecho al honor, a la intimidad personal y familiar, a la propia imagen y al secreto de las comunicaciones. Es decir, se pueden, por ejemplo, obtener fotografías o colocar micrófonos en lugares públicos, pero jamás irrumpir en la esfera privada de quien es investigado o intervenir un teléfono. Esto último es algo muy demandado, sobre todo "pinchar el propio teléfono de casa para escuchar conversaciones de algún otro miembro de la familia. Es algo que se pide constantemente".

Los detectives privados tampoco pueden investigar delitos perseguibles de oficio y están, además, obligados a alertar a las autoridades cuando descubren cualquier tipo de delito mientras realizan su trabajo, y facilitar a éstas toda la información que hayan obtenido al respecto.

Cuando se requieren los servicios de un detective, es importante asegurarse de que a quien contratamos es un profesional legalmente autorizado, puesto que hay cerca de un 20% de intrusismo en el sector. En el caso español, la investigación privada está regulada por la Ley de Seguridad Privada, según la cual sólo los detectives privados habilitados por el Ministerio de Interior, a través de la Dirección General de Policía y de la Guardia Civil, pueden ejercer la profesión.

El investigador privado es un profesional cualificado que ha superado la diplomatura universitaria de Criminología, en la que, entre otros, habrá adquirido conocimientos de Derecho, técnicas de investigación, economía e imagen y sonido.

Además, todo detective posee una Tarjeta de Identidad Profesional (TIP) que acredita su condición, y que se le puede requerir en cualquier momento. El número de su licencia deberá aparecer en todos los informes, cartas y demás documentos que emita. La comprobación de la legalidad de un detective privado es especialmente importante cuando, en un juicio, se aportan como prueba sus informes, considerados como periciales.

Contratar los servicios de un detective o de una agencia de investigación privada no es barato. Con todo, hablar de unos precios medios para este tipo de prestaciones no es cosa fácil, ya que el presupuesto depende mucho de la política de la agencia a la que se acuda, de las características y dificultades que entrañe cada caso particular, y del material que el cliente desee obtener o los servicios adicionales con los que quiera contar.

Como norma general, cuando el cliente expone su caso, la agencia le asesora sobre lo que pueda necesitar y acuerda con él un presupuesto inicial por escrito. En este presupuesto se tienen en cuenta el tiempo por el que se contrata el servicio, las características del mismo y los materiales adicionales (fotografías, vídeos…) al consabido informe escrito donde se detallan las gestiones practicadas y los resultados obtenidos que el cliente desee que se le faciliten. Sin embargo, una investigación que en un principio parece sencilla puede complicarse durante su transcurso y alargarse si el cliente decide continuar con el consecuente incremento de la suma a abonar. Aunque no es la práctica habitual, hay agencias que trabajan con un presupuesto cerrado por caso, independientemente de lo que ésta finalmente llegue a durar.

La Asociación Profesional de Detectives Privados de España que a través de sus agencias asociadas agrupa a más del 75% de profesionales del país sugerían una lista de aranceles profesionales. En la práctica sufren modificaciones, dependiendo de la política de cada agencia. Según los aranceles recomendados por la APDPE, la consulta en el despacho se cobraría a 70 euros cuando no se contrata ningún servicio. Los honorarios para los servicios de vigilancia y control de comportamientos en general, y los de búsquedas y localizaciones, rondan los 70 euros la hora. Estas tarifas se incrementarían en un 50% si se trabaja de noche o en días festivos. A esto habría que añadir, en su caso, los gastos derivados de desplazamientos, hospedajes y dietas, alquiler de vehículos o material gráfico (fotografías y vídeos), entre otros. Y por supuesto, el

IVA. En los casos de investigaciones que entrañen una especial dificultad, es habitual que las partes acuerden otras tarifas de mutuo acuerdo.

El precio de otro tipo de prestaciones, como la elaboración de informes prelaborales, financieros (sobre solvencia, localización de bienes...), o de arrendamientos (duplicidad de domicilios, dedicación del inmueble...) se establece a partir de los 800 euros. El importe se incrementa hasta los 1.000 euros si se trata de informes personales. Servicios más sofisticados, como los relacionados con la seguridad electrónica, no bajan de los 1.500 euros. Se trata, en estos casos, de detectar escuchas clandestinas, ambientales o telefónicas, u otro tipo de dispositivos de observación y control. Es habitual que un detective acuda a un juicio para ratificarse o testificar, ya que sus informes son oficialmente considerados periciales y los propios investigadores privados, testigos, debido a su labor directa, en primera persona, a la hora de obtener los resultados y hacer la peritación. Hay que tener en cuenta que en el 90% de los casos, las pruebas de las investigaciones se presentan en un juicio. Los honorarios son, en este caso, de 180 euros por detective sin IVA.

Las anteriores no son más que tarifas orientativas que las agencias pueden tratar de mejorar para ofrecer opciones más competitivas, siendo ésta la práctica habitual. Por ejemplo, se puede ofertar un 2x1. Es habitual vender un servicio de investigación como si lo estuviera haciendo una persona, aunque en realidad la lleven a cabo dos, o realizar contraofertas que mejoren las condiciones de la competencia.

En el caso de clientes particulares, el pago de los servicios se hace, en su mayor parte, por adelantado. Se les pide una provisión de fondos inicial de entre el 50% y el 75% del total, según el caso. Esta práctica se explica por el creciente nivel de morosidad en nuestro país. En el caso de empresas, cuando los servicios prestados son más habituales y continuados, el funcionamiento es diferente. Se suele trabajar con convenios por los que la entidad contratante se compromete a abonar cada cierto tiempo (por ejemplo, a final de cada mes) las gestiones realizadas en ese período. Por lo tanto, como norma general, pagan a trabajo vencido.

Pese a las grandes sumas de dinero invertidas en una investigación, siempre se debe contar con la posibilidad de no dar con el objetivo. Un detective no puede asegurar al cliente que de una investigación se deriven los resultados esperados, sencillamente porque no depende enteramente de él. Es la propia investigación, el servicio prestado, lo que el cliente paga, no el hecho de llegar a determinado objetivo.

Cereceda advierte, además, sobre la peligrosidad de dejarse llevar por promesas que no se pueden cumplir: "si alguien asegura que va a conseguir un objetivo en un determinado periodo de tiempo, está engañando, porque es algo que no está en sus manos". De hecho, el documento de encargo de prestación de servicios, el contrato que firman tanto la agencia como el cliente, debe incluir una cláusula en la que claramente se libera a la agencia de esta responsabilidad, y el cliente debe ser informado sobre ello. Lo único que se garantiza al cliente es que durante el tiempo que contrate a una agencia, ésta hará las gestiones necesarias para averiguar lo que se le ha pedido.

Hay cosas que no cambian: cada día amanece, cada semana juega nuestro equipo de fútbol y cada otoño caen las hojas de los árboles y comienza la temporada de recogida de setas. Pero también ocurren otras cosas: cada semana las calles contemplan asombradas cómo algún pardillo es víctima de un timo más popular que la paella mixta. Sí, timos, porque aún hoy se dan, tantos años después de su edad de oro. Fueron los años sesenta y setenta, en los que la estafa de la estampita y el tocomocho formaban parte del acervo cultural, en grotesca manifestación de la picaresca que tanto predicamento tuvo en nuestro país (y retuvo: la sección de noticias lo confirma a diario), a modo de dique de contención de la modernidad. Lo cierto es que, con mayor o menor grado de elaboración en las artes del engaño, el objetivo de los timos y estafas casi siempre ha sido el mismo: engatusar y engañar a incautos que, en una situación propicia, no pueden reprimir el muy humano sueño de convertirse, de repente y sin esfuerzo, en una persona rica. Bien lo saben los promotores de loterías, quinielas, primitivas, cuponazos y otros sistemas de juego cuyo principal atractivo y gancho argumentativo es la enorme cuantía del premio, su capacidad de alterar -de golpe- la vida del afortunado, de cambiar los cotidianos problemas económicos por un futuro que destierra para siempre los números rojos a fin de mes: "efectivamente, hay pocas posibilidades, pero ¿y si toca?" .

Las razones para no acudir a la policía una vez se ha comprobado el engaño son varias, y no es la menor la vergüenza que siente el estafado por haber caído en una trampa tan burda que pone en cuestión su inteligencia. Otra razón: la posibilidad de que la participación de la 'víctima' en el delito sufrido pueda constituir otro o, al menos, un acto moralmente reprobable. No debería hacer falta insistir en que nadie regala duros a cuatro pesetas, pero es un lema inmejorable para insistir en que no se puede bajar la guardia y en que hay desconfiar de cualquier propuesta que prometa ríos de dinero sin esfuerzo ni riesgo.

La estampita: un clásico

La víctima es abordada por una persona que aparenta ser disminuido psíquico (en realidad, el estafador que hace el papel de tonto). Este le muestra una bolsa que parece estar llena de billetes, incluso pueden verse algunos. El tonto no concede ninguna importancia a lo que lleva, diciéndole a la víctima que en la bolsa porta "estampitas" o "cromos" y que en casa tiene muchos más. En ese momento, aparece "por casualidad" otra persona(el estafador que hace de gancho), que ofrece a la víctima la posibilidad de engañar al tonto comprándole la bolsa por una cantidad de dinero. Sin embargo, el gancho dice no tener dinero para participar en la compra de la bolsa, y anima a la víctima a realizar la adquisición dados los grandes beneficios que le va a reportar el engaño. El gancho incluso se ofrece a acompañar a la víctima a buscar el dinero, al objeto de que no sufra ningún contratiempo (en realidad, para no cambie de opinión y desista de la idea de la compra). Una vez que la víctima entrega al tonto una gran cantidad de dinero por la bolsa, desaparecen los dos estafadores. Cuando el ciudadano engañado abre la bolsa en su totalidad, comprueba que no contiene sino pocos billetes y muchos tacos de recortes de papel.

El 'modus operandi' de las estafas se basa en dos pilares. El primero es que el timador crea un contexto favorable y de confianza de cara a las víctimas, a menudo con el recurso de una situación de necesidad o ignorancia que finge él mismo. Discapacitados intelectuales, inmigrantes sin papeles o adolescentes son los personajes que los estafadores más gustan de representar. El otro sostén es el "gancho", un segundo delincuente que surge de la nada, como si fuera un transeúnte más, cuyo cometido es dotar de realismo y veracidad a la escena y, en última instancia, terminar de convencer a la víctima para que aproveche la oportunidad única e irrepetible que se abre ante sus ojos.

En la versión clásica de timo de la estampita, una persona que parece sufrir una discapacidad aborda a la víctima y le muestra, con la ingenuidad característica de quien carece de malicia, una bolsa llena de billetes a los que no concede importancia alguna porque son "estampitas" o "cromos". El segundo estafador, que aparece de pronto y simula ser un ciudadano que pasa por allí de manera casual, acaba por convencer a la víctima para que compre la bolsa al discapacitado e incluso se ofrece para acompañarlo al banco a sacar una importante cantidad de dinero, siempre muy inferior a la que en apariencia contiene la maleta. Una vez hecho el intercambio del dinero por la maleta y desaparecidos los timadores, el "primo" descubre que le han engañado: la bolsa sólo contiene unos pocos billetes; en realidad está repleta de recortes de periódico. Aunque cueste creerlo, este timo, por otra parte tan conocido como elemental, todavía funciona y hay ingenuos (que no inocentes; el timo se basa en un acuerdo para engañar a un discapacitado) que "pican".

El tocomocho revisado

Aunque se conocen diversas versiones del timo del tocomocho, la que más estropicios económicos causa en sus víctimas es la de la lotería extranjera, que consiste en enviar a la "víctima" una carta en la que se le informa de que le ha tocado un jugoso premio en una lotería de otro país. Y, aquí está clave. Aunque el receptor del mensaje no haya participado en sorteo alguno, menos aún en el extranjero, le acaban convenciendo de que el dinero le pertenece. El argumento es atribuir el premio a una promoción de este tipo de lotería en España y a que la suma de dinero le ha correspondido al azar. Para cobrar el dinero del premio, el afortunado no tiene más que pagar por anticipado el coste de la transferencia o los impuestos con los que está gravado el premio en el país de origen. Una vez que se ha caído en la trampa, los estafadores pueden conformarse con el dinero recibido o pedirle una segunda cantidad, normalmente superior a la primera, para sufragar otros gastos.

Hay quien cae hasta en esta segunda burda manipulación, sí. Aunque puede parecer impensable que alguien pueda picar un anzuelo con el engaño tan visible, numerosos ciudadanos europeos han caído en la trampa; es más, el éxito de este renovador formato del tocomocho de toda la vida ha llegado incluso a obligar a las autoridades de EEUU y Corea (aviso español) a dar la voz de alarma a la población. La versión antigua del timo, por mucho que pasen los años, funciona y se practica con éxito en lugares de mucho tránsito, como estaciones y cajeros automáticos: una persona se acerca a la víctima con un billete de lotería premiado que no puede cobrar porque su tren está a punto de salir, razón por la que se lo ofrece a la víctima por bastante menos dinero de lo que vale. En ese momento, entra en acción el gancho, que observa el décimo y corrobora que, en efecto, es un billete premiado; para demostrarlo, le muestra un periódico antiguo en el que aparece el número premiado. La víctima accede, le entrega el dinero y cuando llega a cambiarlo en la administración de lotería descubre que no estaba premiado.

Se da en lugares de tránsito (estaciones, cajeros automáticos, …) mediante una persona que, abordando a la víctima, manifiesta tener un billete de lotería premiado que por las prisas no puede cobrar. Pide a la víctima desesperadamente que le abone la cantidad del premio o, incluso una cantidad algo menor, ya que debido al viaje que imperiosamente tiene que hacer no puede cobrarlo normalmente. Para dar mayor credibilidad al asunto, irrumpe en la escena otro aparente transeúnte (en realidad, el gancho) que afirma la autenticidad del premio exhibiendo un listado de un periódico de boletos premiados. La víctima accede entonces a aportar la cantidad del dinero premiado, y cuando va a recuperarlo a la ventanilla de una administración de lotería, comprueba que el billete es falso.

Un ingeniero muy listo

Una de las variantes del tocomocho, el timo del ingeniero inglés, encuentra en Internet su escenario idóneo. Aparecen en la Red anuncios de venta de vehículos de alta gama o de alquiler de pisos ubicados en España, siempre a precios irrisorios. La persona de contacto se presenta como un ingeniero inglés que ha vivido en nuestro país. En el caso de los vehículos, el estafador proporciona un motivo muy creíble para ofrecerlo a tan bajo coste. El más común es que el utilitario es español y al residir el ingeniero en el Reino Unido le resulta muy difícil conducirlo por la izquierda, y, claro, venderlo allí resulta imposible por la posición del volante. En las casas, los pretextos son igual de peregrinos: el supuesto ingeniero ha trabajado en España el tiempo suficiente como para comprarse un piso, pero por motivos laborales debe volver a vivir al Reino Unido y permanecer una larga temporada allí, y es por eso que decide poner en alquiler su piso. El modo de proceder es el mismo en las dos situaciones. El timador sólo acepta el email como forma de contacto y escribe sus mensajes en un mal castellano. Una vez que las víctimas muestran interés por el vehículo o la vivienda, pide que realicen una transferencia y asegura que una empresa intermediaria les hará llegar el vehículo o el contrato de arrendamiento ya firmado con las llaves del inmueble. Por supuesto, aquí termina la historia y la víctima ha perdido su dinero sin recibir nada a cambio.

Aunque la inmensa mayoría de las transacciones en la Red se realizan con total seguridad y legalidad, Internet da cobijo también a estafadores que ponen a la venta artículos o servicios inexistentes a precios muy tentadores. Para evitar problemas, conviene comprar siempre en webs de confianza y, cuando se haga en sitios no conocidos, antes de comprar y de adelantar el dinero, consultar las políticas de protección al comprador de esas páginas y recabar toda la información posible acerca del vendedor.

Desde Nigeria con Amor

Detrás de una inofensiva carta o mail se esconde, en la herencia nigeriana, un timo como la copa de un pino. Recibe este nombre porque los remitentes se hacen pasar por ciudadanos de este país. En estos correos que se reciben de forma inesperada en el buzón del domicilio y, desde hace pocos años, también en el correo electrónico, el estafador se hace pasar por un abogado o por el familiar de un miembro del Gobierno o de un importante hombre de negocios que ha perdido la vida durante una revuelta política. En las cartas se asegura de manera insistente que antes de fallecer la persona depositó una gran cantidad de dinero en una cuenta bancaria a la que el remitente tiene acceso. La cuestión es que desean sacar la herencia del país de forma discreta para lo que necesitan una cuenta bancaria extranjera a la que poder transferir el dinero.

Los delincuentes dicen a la víctima que se dirigen a ella por recomendación de otra persona y porque consideran que es la única persona que puede ayudarles a transferir el dinero. A cambio de su colaboración y discreción le prometen un jugoso porcentaje del total del dinero. Sólo debe abrir una cuenta en el banco que le indiquen y seguir sus instrucciones. Ya después, le envían documentación falsificada imitando a la oficial y extractos de movimientos bancarios que certifican que la transferencia está en proceso. Mediante el intercambio de faxes o de más cartas, los timadores se ganan la confianza de la víctima y siempre le aseguran que está a punto de recibir el dinero, aunque es imprescindible que antes pague unas tasas o los honorarios de un abogado.

No contentos con esto, solicitan más y más dinero hasta que la víctima se cansa de pagar. Cuando el engañado deja de enviar el dinero, todo se acabó.

Los trileros

La estafa consiste en incitar al público a participar, mediante apuestas de dinero, en juegos de habilidad que, sólo aparentemente, ofrecen grandes posibilidades de ganar al que participa; se ofrecen en plena vía pública y sobre una pequeña mesa. El juego más común consiste en descubrir en qué lugar se esconde una bolita que es tapada por una chapa o vaso. Para que parezca más fácil, en torno a la persona que mueve las chapas o los vasos (el que dirige el juego), hay uno o varios jugadores falsos (ganchos) que ganan dinero fácilmente.

Al principio, se deja ganar a la persona que inicia el juego, la víctima, para que, animada por el éxito juegue una cantidad más importante. La mano es más rápida que la vista, por lo que cuando la cantidad es elevada, la víctima pierde casi irremisiblemente (tiene matemáticamente sólo un 33% de posibilidades de acertar, una de tres) su dinero. Este timo es frecuente en ferias y mercadillos.

El nazareno

Las víctimas son empresas que suministran mercancías. Los estafadores se instalan en un determinado lugar, alquilando un almacén a nombre de una empresa. Empiezan a realizar pequeños pedidos, que se guardan en el almacén y que son abonados en el acto a las empresas suministradoras. De esta manera, los estafadores se ganan la confianza de las víctimas. Posteriormente, realizan grandes pedidos de mercancías, diciéndole a los suministradores que los pagos los van a realizar en varios plazos; incluso, pueden llegar a cumplir el primero de dichos pagos. De forma repentina, la empresa desaparece, llevándose la mercancía y dejando pendiente de abonar las deudas contraídas. Cuando las empresas estafadas quieren hacer gestiones para ejecutar el cobro, comprueban que la compañía que efectuó los pedidos no existe.

El falso instalador de gas

Los estafadores se personan en el domicilio de la víctima vestidos con un mono de trabajo y diciendo que son trabajadores de la empresa instaladora del gas y que van a realizar una revisión rutinaria, y muy necesaria, de la instalación. Aparentan realizar diversos trabajos técnicos; normalmente, se limitan a cambiar un trozo de manguera del gas que a veces ni siquiera requiere revisión. Finalizado el trabajo, extienden una factura. Cuando la víctima comenta el caso con otras personas, comprueba que ha sido estafada por falsos instaladores.

El desahuciado

Se comete mediante la visita al domicilio de la víctima. El estafador se hace pasar por una persona que se encuentra en graves apuros económicos y con problemas familiares (si es una mujer, dirá que ha sido abandonada, que tiene muchos hijos...); se trata de sensibilizar a la víctima. Al final, el delincuente explica que para subsistir está procediendo a liquidar sus objetos más preciados, y, en ese momento, exhibe un objeto personal (reloj de pulsera de una marca muy cara, collar, sortija...). Ofrece el objeto por un precio muy bajo en comparación con lo que dice que vale. La víctima que acceda a su compra se percatará demasiado tarde de que se trata de una vulgar baratija.

Los pequeros

Son jugadores de cartas sumamente inteligentes y hábiles, con buena presencia física y armoniosos modales y formas con los que consiguen seducir a sus víctimas. Utilizan cartas marcadas, juegos de espejos, cómplices que pueden ver las cartas... El pequero entra en el juego de la confianza y el tiempo. Casi siempre se hace pasar por un hombre adinerado, para lo cual alquila una lujosa casa o se aloja en hoteles muy costosos. Generalmente, tiene un cómplice que le prepara el candidato. La víctima gana y se entusiasma hasta el límite. Al día siguiente, lleva a la partida mucho más dinero en su afán de redoblar las apuestas... en las que perderá hasta la última peseta. No es su día. "Mañana habrá desquite", piensa confiada. Pero, éste no llegará jamás porque el pequero habrá huido con el botín.

Tema 15 : Medidas eficaces para el cobro de morosos

El tono, el lenguaje y la información manifestada en la relación con el deudor son la clave para lograr buenos resultados. Pero las deudas son un hecho para numerosos negocios y, aunque la imposibilidad de cobrarlas afecta por igual a todos los sectores de la economía, castiga de manera especial a quienes tienen menor poder de presión sobre los deudores. Para lograr cobrarlas, es esencial conocer las diferentes instancias judiciales y sus consecuencias, pero también son factores clave el tono, el lenguaje y la información manifestada en la relación con el deudor. La crisis que soporta España se manifiesta de múltiples maneras: desempleo, baja actividad económica, desinversión y, como colofón, un aumento significativo del nivel de morosidad general. Esto se refiere tanto a los consumidores finales como a las grandes corporaciones financieras, bancos, pequeños comerciantes y trabajadores independientes, por nombrar a los sectores más afectados de la economía.

Los profesionales independientes, comerciantes y pequeñas empresas son los sectores más perjudicados en este frente. Esto se debe a que, por una parte, cuentan con menor capital para soportar los números rojos. Pero, sobre todo, porque representan un sector de la economía que carece de grandes estructuras administrativas para gestionar los cobros vencidos. Y ello se traduce en una menor efectividad al afrontar lo que algunos llaman "el arte de cobrar". Conocer las diferentes instancias judiciales y sus consecuencias es un elemento indispensable para que la tarea resulte un éxito. Pero como primera medida, hay una serie de consejos que se deben seguir para gestionar las deudas en instancias iniciales, emprender las reclamaciones con los deudores y sacar el máximo provecho a la relación personal con estos.

En el momento de reclamar de manera directa los pagos adeudados, el tono, el lenguaje y la información manifestada en la relación con el deudor son las herramientas que hay que manejar para lograr buenos resultados. "El lenguaje debe ser duro con la deuda, pero correcto con el deudor", reza una máxima que expresa el tenor de las habilidades discursivas y argumentativas en la negociación.

Antes de reclamar, se debe recabar la mayor cantidad de información posible sobre el deudor

La literatura sobre el tema destaca algunos puntos interesantes para llevar adelante esta instancia en la que aún no se ha llegado a una demanda legal por la deuda, pero esta posibilidad está latente y significa un as en la manga, tanto para el deudor como para el acreedor.

Información: antes de reclamar, se debe recabar la mayor cantidad de información posible sobre el deudor. Para ello hay que hablar con otros proveedores, revisar las listas de deudores disponibles (Medeben es una de ellas, gestionada por la Asociación Española para la Prevención de Impagados y Morosos -AEPIM-) y conocer de la manera más precisa posible su historial de pago.

Presentación de la deuda: conocer al detalle cuánto, cómo y cuándo debe pagar el deudor es una herramienta fundamental en el momento de reclamarle un pago. Contar con copias de las facturas y enviarlas en el momento indicado es algo que el acreedor debe poder hacer en cualquier punto de la negociación, desde el inicio.

Lenguaje: el cobro de los impagados es definido por algunos como "el arte de sugerir al deudor moroso las razones por las cuales ha de pagar su deuda". Por este motivo, se recomienda no emplear palabras negativas como "impagado, impago, morosidad o deuda", sino eufemismos como "incidencia de cobro" o "pago pendiente". Esto ayudará a que el moroso reconozca la deuda, acepte pagarla y que no intente negociar el importe, para lograr en esta primera instancia que se ponga a sí mismo un tiempo determinado para pagar y cómo se ejecutará ese pago.

En algunos casos, la negociación resulta un fracaso y la reclamación de una deuda termina en los tribunales. Pero esta situación no siempre garantiza la recuperación del dinero (ni es el mejor modo). Si un juez dicta el embargo, habrá que evaluar los bienes y luego venderlos en subasta, lo que se puede traducir en una pérdida de dinero si no se consigue vender por el mejor precio.

Hay distintos procedimientos judiciales de reclamación de impagados, que se aplican una vez que el deudor no se aviene a pagar y las deudas están vencidas. Al acreedor no le quedará otra alternativa que iniciar algún tipo de procedimiento con el fin de obtener en dos fases, una resolución judicial que fije la cuantía y la ejecución de dicha resolución. Las opciones son los juicios cambiario, ordinario, monitorio o verbal.

Medidas extrajudiciales

Las medidas extrajudiciales aconsejables que toda empresa debería adoptar para evitar en la medida de lo posible la morosidad serían:

1. Política empresarial de crédito clara y diáfana

La empresa tiene que instaurar un procedimiento claro, en el que los responsables de administración puedan ampararse al ejecutar su trabajo, con el objetivo de que las dudas e incertidumbres en su ejecución no puedan beneficiar al moroso.

2. Solicitud de informes previos del comprador o usuario

Con carácter previo deberemos de informarnos de la solvencia de las compañías para las que pretendemos trabajar, lo anterior evitara posteriores disgustos provocados por el desconocimiento de las mismas. Existen muchas compañías en el mercado que a precios razonables, proporcionan excelentes informes de solvencia e incluso avisos sobre la modificación de los mismos.

3. Un único modelo de contrato

Donde vengan especificadas, tanto las condiciones de pago, como las consecuencias de retrasarse en el mismo (intereses de demora y costes administrativos de recuperación, acciones judiciales, alta en registros de morosidad, etc.).

En ocasiones acuden a nuestro domicilio, sin haberlo solicitado, comerciales que ofrecen efectuar contratos para la compra de libros, para la realización de cursos o la prestación de servicios de telefonía, gas o electricidad. Este tipo de ventas, celebradas fuera de los establecimientos mercantiles, están reguladas por la Ley.

La definición de contrato celebrado fuera de los establecimientos mercantiles ofrecida por el Diccionario del Español Jurídico (DEJ) es: "contrato celebrado entre un empresario y un consumidor fuera del establecimiento de aquel".

En lo que respecta al concepto de contrato celebrado fuera de los establecimientos mercantiles, el Diccionario del Español Jurídico (DEJ) entiende que por este se debe entender aquel "contrato celebrado entre un empresario y un consumidor fuera del establecimiento de aquel". Se trata, por lo tanto, de un contrato celebrado en lugar distinto a aquel en que el empresario ejerce su actividad empresarial.

En este sentido, es necesario considerar la Ley 3/2014, de 27 de marzo, por la que se modifica el texto refundido de la Ley General para la Defensa de los Consumidores y Usuarios y otras leyes complementarias, aprobado por el Real Decreto Legislativo 1/2007, de 16 de noviembre, cuya finalidad es la de transponer al derecho interno la DIRECTIVA 2011/83/UE DEL PARLAMENTO EUROPEO Y DEL CONSEJO de 25 de octubre de 2011 sobre los derechos de los consumidores. Directiva que establece un nuevo marco para la protección de los consumidores en los contratos celebrados a distancia y los contratos celebrados fuera de los establecimientos mercantiles.

En el preámbulo de la Ley 3/2014, de 27 de marzo, se señala que la nueva definición de contrato celebrado fuera del establecimiento mercantil que incorpora la ley se justifica en el hecho de que, fuera del establecimiento, el consumidor y usuario podría estar bajo posible presión psicológica o verse enfrentado a un elemento de sorpresa, independientemente de que haya solicitado o no la visita del empresario. La definición abarca también aquellas situaciones en que se establece contacto personal e individual con el consumidor y usuario fuera del establecimiento, aunque luego el contrato se celebre inmediatamente después en el establecimiento mercantil del empresario o a través de un medio de comunicación a distancia. Las compras realizadas en el curso de una excursión organizada por el empresario durante la cual éste promociona y vende los productos que se adquieren, se consideran también contratos celebrados fuera del establecimiento.

En este sentido, el nuevo Título III del Libro Segundo del Real Decreto Legislativo 1/2007, de 16 de noviembre, se ocupa de regular los contratos celebrados a distancia y contratos celebrados fuera del establecimiento mercantil. En cuanto al ámbito de aplicación, el apdo. 2 del Art. 92, Ley General para la Defensa de los Consumidores y Usuarios recoge que las disposiciones del mencionado título serán también de aplicación a los siguientes contratos celebrados con consumidores y usuarios fuera del establecimiento mercantil:

- Contratos celebrados con la presencia física simultánea del empresario y del consumidor y usuario, en un lugar distinto al establecimiento mercantil del empresario.

- Contratos en los que el consumidor y usuario ha realizado una oferta en las mismas circunstancias que las que se contemplan en la letra a).

- Contratos celebrados en el establecimiento mercantil del empresario o mediante el uso de cualquier medio de comunicación a distancia inmediatamente después de que haya existido contacto personal e individual con el consumidor y usuario en un lugar que no sea el establecimiento mercantil del empresario, con la presencia física simultánea del empresario y el consumidor y usuario.

- Contratos celebrados durante una excursión organizada por el empresario con el fin de promocionar y vender productos o servicios al consumidor y usuario.

Además, estipula el apdo. 4 del citado artículo que, todos los contratos y ofertas celebrados fuera del establecimiento mercantil se presumen sometidos a las disposiciones de este título, correspondiendo al empresario la prueba en contrario.

No obstante, en el Art. 93, Ley General para la Defensa de los Consumidores y Usuarios se enuncian aquellos contratos a los que no es de aplicación lo regulado en el mencionado título.

De la información precontractual de los contratos celebrados fuera del establecimiento mercantil se ocupa el Art. 97, Ley General para la Defensa de los Consumidores y Usuarios. En este sentido, antes de que el consumidor y usuario quede vinculado por cualquier contrato a distancia o celebrado fuera del establecimiento o cualquier oferta correspondiente, el empresario le facilitará de forma clara y comprensible la información contenida en el apdo. 1 del citado artículo. Esta información formará parte integrante del contrato celebrado fuera del establecimiento y no se alterará a menos que las partes dispongan expresamente lo contrario.

Por lo que respecta a los requisitos formales, el apdo. 1 del Art. 99, Ley General para la Defensa de los Consumidores y Usuarios establece que el empresario facilitará al consumidor y usuario la información exigida en el apdo. 1 del Art. 97, Ley General para la Defensa de los Consumidores y Usuarios en papel o, si éste está de acuerdo, en otro soporte duradero. Dicha información deberá ser legible y estar redactada al menos en castellano y en términos claros y comprensibles. El empresario deberá, asimismo, facilitar al consumidor y usuario una copia del contrato firmado o la confirmación del mismo en papel o, si éste está de acuerdo, en un soporte duradero diferente, incluida, cuando proceda, la confirmación del previo consentimiento expreso del consumidor y usuario y del conocimiento por su parte de la pérdida del derecho de desistimiento a que se refiere el inciso m) del Art. 103, Ley General para la Defensa de los Consumidores y Usuarios

Asimismo, dadas las características que rigen su celebración se reconocen en el ordenamiento jurídico unas garantías especiales para el consumidor.

Así, el Art. 107, Ley General para la Defensa de los Consumidores y Usuarios y siguientes tratan del derecho de desistimiento.

En este sentido, el consumidor y usuario tendrá derecho a desistir del contrato durante un periodo de 14 días naturales sin indicar el motivo y sin incurrir en ningún coste distinto de los previstos en el apdo. 2 del anterior artículo y en el Art. 108, Ley General para la Defensa de los Consumidores y Usuarios#; siendo nulas de pleno derecho las cláusulas que impongan al consumidor y usuario una penalización por el ejercicio de su derecho de desistimiento o la renuncia al mismo.

Además, si el empresario no ha facilitado al usuario la información sobre el derecho de desistimiento, el periodo de desistimiento finalizará doce meses después de la fecha de expiración del periodo de desistimiento inicial. No obstante, habrá de tenerse en cuenta las excepciones al derecho de desistimiento contempladas en el Art. 103, Ley General para la Defensa de los Consumidores y Usuarios. El ejercicio de este derecho extinguirá las obligaciones de las partes de ejecutar el contrato celebrado fuera del establecimiento, o de celebrar el contrato, cuando el consumidor y usuario haya realizado una oferta.

Finalmente, cabe mencionar que del cumplimiento de las obligaciones establecidas en este título responderán solidariamente el empresario por cuya cuenta se actúe y el mandatario, comisionista o agente que hayan actuado en nombre propio (Art. 113, Ley General para la Defensa de los Consumidores y Usuarios)

La regulación de esta modalidad de venta establece una serie de derechos y obligaciones para los consumidores y empresarios. Por otra parte, será el empresario quien deba probar que el contrato celebrado no está regulado por la normativa mencionada.

Características:

La compra o contrato cumple alguno de los siguientes requisitos:

Se realiza fuera del establecimiento mercantil de la compañía o del empresario profesional.

Tiene lugar en el domicilio del consumidor o en su centro de trabajo. Se exceptúan los casos en los que el ciudadano haya llamado previamente al empresario o representante y/o haya programado la visita con éste.

Tiene lugar en un medio de transporte público.

El contrato:

El contrato u oferta contractual debe efectuarse por escrito en doble ejemplar y debe ir acompañado del documento de revocación. En el contrato, en el que figurará la fecha e irá firmado de puño y letra del consumidor, deberá constar el nombre y dirección del destinatario al que el consumidor deberá enviarlo en caso de querer anularlo. El incumplimiento de estos requisitos posibilita a los consumidores la anulación del contrato; será el empresario el que deberá probar su cumplimiento.

Un banco concedió un crédito a un ciudadano alemán. Su hijo avaló el crédito mediante un contrato de fianza que se celebró en casa del padre, adonde se desplazó un empleado del banco después de haber llegado a un acuerdo por teléfono. No se informó al hijo de la posibilidad de resolver el contrato en el plazo de siete días, según dicta la ley alemana de contratos celebrados fuera de establecimientos mercantiles.

Por determinadas circunstancias, el banco canceló el crédito y reclamó al hijo, como fiador, el pago de ciertas cantidades, negándose el joven a pagar por no haber sido informado del derecho a la resolución del contrato de fianza.

El asunto llegó hasta el Tribunal de Justicia Europeo, que el 17 de marzo de 1998 dictó sentencia. de la misma se extraen las siguientes conclusiones: a) un contrato de fianza celebrado fuera de un establecimiento mercantil está sometido a la legislación protectora del consumidor;

b) no se exige para ello que la persona que haya celebrado el contrato sea la destinataria del bien o servicio, aplicándose a los contratos celebrados en beneficio de un tercero y c) pero siempre que ese tercero actúe como consumidor y no en el marco de su actividad profesional.

1. Documentación obligatoria al efectuar las ventas (contrato, albarán, factura, etc.)

La falta de documentación en las operaciones es una de las primeras causas que pueden frustrar el recobro judicial, o, al menos, complicarlo.

4. Aplicación de límites de crédito

Esto es, señalar aquella cantidad máxima por la que vamos a vender y no rebasarla bajo ninguna circunstancia. Una vez acordados dichos límites, resulta conveniente revisar periódicamente los límites de solvencia otorgados a nuestros clientes.

Con la puesta en marcha de la limitación de pagos en metálico, no se podrán hacer en efectivo las transacciones cuyo importe supere 2.500 euros, o su equivalente en moneda extranjera, cuando en ellas participe una empresa o un profesional. No obstante, el importe será de 15.000 euros cuando el pagador sea una persona física que justifique que no tiene su domicilio fiscal en España y no actúe en calidad de empresario o profesional.

Además, para evitar que se troceen las facturas con el objetivo de no pasar por el banco, se sumarán los importes de todas las operaciones o pagos en que se haya podido fraccionar la entrega de bienes o la prestación de servicios.

Si un ciudadano lleva su vehículo al taller y le cobran 2.700 euros por el arreglo, deberá pagar a través del banco. Lo mismo sucede si un autónomo le reforma la casa, le cambia la instalación eléctrica o coloca la grifería y en la factura figura un importe de 3.500 euros: el abono no se podrá hacer en metálico. La limitación no será aplicable a los pagos e ingresos realizados con entidades de crédito. Si se incumple la normativa, tanto el pagador como el receptor del dinero se enfrentan a multas del 25% del importe abonado. Pero Hacienda perdonará esta sanción a cualquiera de los dos intervinientes que denuncie a la otra parte, siempre que no hayan pasado tres meses desde que se realizó el pago con el que se haya cometido la infracción. Con algunos matices, el objetivo de limitar a 2.500 euros el pago en efectivo ha tenido una buena acogida entre los trabajadores autónomos y los inspectores fiscales. Pero han realizado sus propias propuestas, como que se reduzca la cuantía, se amplíe a las operaciones realizadas por todos los ciudadanos -y no solo cuando intervenga un profesional o una empresa- o se aumenten las multas. Se espera que la aplicación de la norma sea positiva para la sociedad, pero sus efectos serán diferentes para cada sector.

2. Detener inmediatamente cualquier clase de venta o prestación de servicio, frente a los clientes que presentan irregularidades de pago en sus facturas

Frente a la costumbre de ser benevolentes y comprensivos a favor del moroso, basándonos en que si detenemos las ventas o servicios no cobraremos y perderemos al cliente, deberemos aplicarnos el refrán que dice "una retirada a tiempo es una victoria".

3. Implantación de un sistema "bonus - malus"

También podemos establecer un sistema de incentivos para "premiar" los plazos de cobro más cortos y "castigar" los más dilatados.

Una vez implementado lo anterior, si se produce un impagado, tenemos que actuar con celeridad, en el recobro de impagados la rapidez es la pieza angular sobre la que tenemos que hacer descansar nuestra estrategia de recobro, es decir, a medida que aumenta el número de días del impagado, menos posibilidades de recobro se tienen.

Así, lo primero que deberemos hacer es: nombrar un interlocutor único dentro de nuestra empresa que se encargue de la reclamación; comunicar al moroso el impago, exigiéndole el pago de la deuda o bien un acuerdo para el mismo fin, tanto lo uno como lo otro deberá ser documentado pertinentemente al objeto de una hipotética posterior reclamación judicial; si una vez comunicado el impago, el deudor no lo soluciona o incumple el acuerdo al que se haya llegado, lo aconsejable, sin más dilación, es instar la oportuna reclamación judicial.

Reclamaciones judiciales

A través de la Ley de Enjuiciamiento Civil 1/2000 nuestro legislador ha introducido diversas reformas al objeto de contribuir a la lucha contra la morosidad. A continuación nos vamos a referir a los distintos procedimientos, comenzando por el célebre procedimiento monitorio (a nuestro entender, la primera opción con carácter general a tener en cuenta, por su economía y rapidez); pasando por los procedimientos declarativos (ordinario y verbal); el procedimiento cambiario; y, acabando, con los cambios introducidos en la LEC en la fase de ejecución.

1. Procedimiento monitorio

Se trata de un procedimiento para la reclamación de deudas de hasta 30.000€, producto del mandato ínsito en la Directiva 2000/35/CE. El funcionamiento es muy sencillo, se efectúa un requerimiento de pago al deudor, para el que no hace falta abogado ni procurador, con el objeto de que abone la deuda en 20 días o se oponga a la solicitud de pago. A partir de aquí pueden suceder tres supuestos: el primero, que el deudor pague, con lo que se archiva el procedimiento; el segundo, que el deudor se oponga, en este supuesto se abre el procedimiento declarativo que corresponda según la cuantía (verbal u ordinario), con la consiguiente obligación del acreedor de interponer demanda, esta vez sí, con la necesidad de concurrir con abogado y procurador; el tercer supuesto, es que el deudor ni pague ni se oponga, silencio que la Ley lo interpreta como aceptación de la deuda, con lo que se inicia la ejecución contra los bienes del moroso.

Juicio monitorio: no se requiere ni abogado ni procurador para la interposición de la demanda, pero solo puede utilizarse para créditos vencidos inferiores a 30.050 euros.

2. Procedimientos declarativos

La LEC también reformó los procedimientos declarativos reduciéndolos a dos, el procedimiento ordinario y el procedimiento verbal, el primero para reclamación de deudas superiores a 3.000 euros, y el segundo para deudas de 3.000 euros o inferiores. Los dos procedimientos se basan en el principio de oralidad.

3. Procedimiento cambiario

Nos encontramos ante un procedimiento sumario destinado a la tutela de los créditos documentados en letras de cambio, pagarés o cheques.

Juicio cambiario: está reservado solo para acreedores que tienen cheques, letras o pagarés. Tiene la ventaja de que se comienza con el embargo de los bienes del deudor.

Juicio ordinario: es el procedimiento más lento de todos porque conlleva una doble actividad judicial, de audiencia previa y juicio.

Juicio verbal: es más rápido que el ordinario, pero solo se aplica a deudas inferiores a 3.005 euros.

Estas son las características principales para evaluar, a priori, la conveniencia de encarar uno u otro procedimiento. Hay que considerar también que cuando un deudor está inmerso en una situación de insolvencia (no puede hacer frente con regularidad a la totalidad de sus pagos, lo que se conoce con una evaluación previa de toda la información que se pueda recabar), esto puede conllevar de manera inevitable la apertura del procedimiento concursal.

Saber esto de antemano es primordial para evaluar la conveniencia de iniciar cualquier procedimiento. Conviene tener en cuenta que una vez que se declara el concurso (voluntario o necesario) todos los acreedores cobrarán en iguales condiciones, sin ningún privilegio particular para quienes hayan demandado a título individual. Iniciarlo en solitario puede ser un gasto innecesario en los juzgados y en honorarios de los letrados.

Tanto para las instancias prejudiciales de reclamación de pagos como para la actuación en los juzgados, hay empresas particulares que brindan el servicio de gestión de cobros. Estas realizan el seguimiento desde el inicio del impago, llaman al deudor, gestionan ante los juzgados y brindan asesoramiento letrado.

Una vez cobrada la deuda, emplean un baremo para valorar sus servicios, que establece un porcentaje en función de la cuantía de la deuda.

De 500 a 3.000 euros: 14%

De 3.001 a 6.000 euros: 13%

De 6.001 a 21.000: 12%

De 21.001 a 30.000 euros: 11%

Más de 30.000 euros: 9%.

5. La fase de ejecución

También aquí la LEC 1/2000 introdujo diversos cambios orientados a dotar de mayor celeridad y seguridad a los procedimientos de reclamación de deudas, como las medidas cautelares, la ejecución provisional de condenas dinerarias, la obligación del deudor de manifestar bienes y las diligencias de averiguación patrimonial.

Recuperación del IVA

Para acabar, recordar que la Ley 37/1992, de 28 de diciembre, del Impuesto sobre el Valor Añadido, en su artículo 80.4 y 24 de su reglamento, permite la recuperación del IVA de los créditos impagados, siempre que se cumplan los siguientes requisitos: que haya transcurrido un año2 desde el devengo del Impuesto repercutido sin que se haya obtenido el cobro de todo o parte del crédito derivado del mismo; que esta circunstancia haya quedado reflejada en los libros registros exigidos para este Impuesto; que el destinatario de la operación actúe en la condición de empresario o profesional; y que el sujeto pasivo haya instado su cobro mediante reclamación judicial al deudor. La modificación deberá realizarse en el plazo de los tres meses siguientes a la finalización del periodo de un año y comunicarse a la Administración tributaria en el plazo de un mes a contar desde la fecha de expedición de la factura rectificativa.

Cuando el titular del derecho de crédito cuya base imponible se pretende reducir sea un empresario o profesional cuyo volumen de operaciones, calculado conforme a lo dispuesto en el artículo 121 de esta Ley, no hubiese excedido durante el año natural inmediato anterior.

2 El Real Decreto-Ley 6/2010, de 9 de abril, de medidas para el impulso de la recuperación económica y el empleo, con efectos desde el 14 de abril de 2010, ha modificado la normativa del IVA que permite a las empresas la reducción proporcional de la base imponible cuando los créditos correspondientes a las cuotas repercutidas por las operaciones gravadas sean total o parcialmente incobrables, flexibilizando los requisitos para recuperar el impuesto en el caso de impago de las facturas, y acortando los plazos (de 1 año se reduce a 6 meses) en el caso de las empresas de menor dimensión.

Así se modifica el artículo 80 de la Ley del IVA, apartados cuatro y cinco, para establecer como novedades:

- Cuando el titular del derecho de crédito cuya base imponible se pretende reducir sea un empresario o profesional cuyo volumen de operaciones, calculado conforme a lo dispuesto en el artículo 121 de esta Ley, no hubiese excedido durante el año natural inmediato anterior de 6.010.121,04€, el plazo de un año (desde el devengo del Impuesto repercutido sin que se haya obtenido el cobro de todo o parte del crédito derivado del mismo) será de seis meses.

- Se modifica una de las condiciones establecida en la norma para que un crédito se considerará total o parcialmente incobrable, a efectos de poder reducir la base imponible del IVA, en el sentido de añadir a la reclamación judicial del cobro la posibilidad que también lo haga el sujeto pasivo por medio de requerimiento notarial al mismo, incluso cuando se trate de créditos afianzados por Entes públicos (en este caso, la reclamación judicial o el requerimiento notarial, se sustituirá por una certificación expedida por el órgano competente del Ente público deudor de acuerdo con el informe del Interventor o Tesorero de aquél en el que conste el reconocimiento de la obligación a cargo del mismo y su cuantía).

De forma equivalente, y con el mismo objetivo, se modifican los números 7 y 8 del artículo 22º de la Ley 20/1991, de 7 de junio, de modificación de los aspectos fiscales del Régimen Económico Fiscal de Canarias.

Contraportada

Aunque los sistemas que utilizan los cobradores uniformados son muy llamativos, hay otros métodos para recuperar el dinero. Quien debe dinero puede tener diversos motivos para no haber pagado. Entre los morosos hay personas que no sufragan la factura de la luz o el plazo de un coche, familiares que no entregan la parte correspondiente de la venta de una herencia a quien corresponde, empresarios que deben pedidos millonarios, inquilinos que no ingresan el alquiler o que no pueden hacer frente a la hipoteca. El libro trata de forma informal en mundillo del cobro de morosos o deudores.

CPSIA information can be obtained at www.ICGtesting.com
Printed in the USA
BVIW121317050819
555063BV00030B/182